Heidrun Vössing

Die Kraft innerer Bilder

Imaginationen im Coaching

D1725004

Ausführliche Informationen zu jedem unserer lieferbaren und geplanten Bücher finden Sie im Internet unter www.junfermann.de – mit ausführlichem Infotainment-Angebot zum JUNFERMANN-Programm … mit Newsletter und Original-Seiten-Blick …

Besuchen Sie auch unsere e-Publishing-Plattform www.active-books.de – mittlerweile rund 300 Titel im Angebot, mit zahlreichen kostenlosen e-Books zum Kennenlernen dieser innovativen Publikationsmöglichkeit.

Übrigens: Unsere e-Books können Sie leicht auf Ihre Festplatte herunterladen!

**Eine Auswahl von e-books
bei www.active-books.de**

- Vössing, Heidrun: „Bitte packen Sie es schön ein" (kostenlos)
- Vössing, Heidrun: „Wenn die Angst die Leistung bremst" (kostenlos)
- Besser-Siegmund, Cora: „Coach Yourself" (kostenlos)
- Besser-Siegmund, Cora: „Die sanfte Schmerztherapie" (€ 10,00)
- Kreyenberg, Jutta: „Gestaltung von Coaching-Prozessen" (€ 4,50)
- Hamm, Wolfgang: „Systemisches Coaching – eine gemeinsame ökologische Reise durch das Gebiet des Kunden" (€ 3,00)
- Besser-Siegmund, Cora: „Wingwave – wie der Flügelschlag eines Schmetterlings" (€ 2,00)

Heidrun Vössing

Die Kraft innerer Bilder

Imaginationen im Coaching

Junfermann Verlag • Paderborn
2007

Copyright © Junfermannsche Verlagsbuchhandlung, Paderborn 2007
Covergestaltung/Reihenentwurf: Christian Tschepp
Coverfoto: © Roger Bailargeon FOTOLIA

Alle Rechte vorbehalten.
Das Werk einschließlich aller seiner Teile ist urheberrechtlich geschützt. Jede Verwendung außerhalb der engen Grenzen des Urheberrechtsgesetzes ist ohne Zustimmung des Verlages unzulässig
und strafbar. Das gilt insbesondere für Vervielfältigungen, Übersetzungen, Mikroverfilmungen
und die Einspeicherung und Verarbeitung in elektronischen Systemen.

Satz: www.etherial.de– Peter Marwitz, Kiel

Bibliografische Information der Deutschen Bibliothek
Die Deutsche Bibliothek verzeichnet diese Publikation in der Deutschen Nationalbibliografie;
detaillierte bibliografische Daten sind im Internet über http://dnb.ddb.de abrufbar.

ISBN 978-3-87387-684-2

Inhalt

Einleitung

„Ein Bild lebt durch die Gesellschaft eines sensiblen Betrachters,
in dessen Bewusstsein es sich entfaltet und wächst." – Mark Rothko, 1947

„Die Kraft innerer Bilder" ist ein Buch, das die menschliche Vorstellungskraft in den Mittelpunkt rückt und der Frage nachgeht, wie innere Bilder in der Coaching-Praxis für die angestrebten Veränderungen genutzt werden können.

Als ich vor einiger Zeit begann, mich mit dem Thema „innere Bilder und Imaginationen" zu beschäftigen, war ich rasch fasziniert von dem Potenzial, das in ihm steckt. Viele Coaching-Ansätze konzentrieren sich auf das Gespräch zwischen Coach und Klient, und zweifellos steht dies auch im Zentrum des Coaching-Prozesses. Darüber hinaus bietet die Arbeit mit Imaginationen im Coaching jedoch eine enorme Bereicherung, da die erwünschten Lösungen auf einer anderen Ebene des Denkens erschlossen werden.

Aktuelle Erkenntnisse der Neurobiologie zeigen, dass es von großer Bedeutung ist, welche Art von inneren Bildern Menschen in ihren Köpfen haben. Wie beeinflussen innere Bilder unsere Gedanken und was haben sie mit Veränderung zu tun? Welche Vorstellungen können innere Kraftquellen sein? Welche inneren Bilder führen zu mentalen Erfolgskonzepten?

All diese Fragen versucht das Buch zu beantworten.

Im ersten Kapitel werden die neurobiologischen Zusammenhänge rund um das Thema „innere Bilder" und ihre Bedeutung für Lernen, Veränderung und für die Coaching-Praxis dargestellt.

Das zweite Kapitel beschäftigt sich mit unserem Vorstellungsvermögen als Zauberkraft – also damit, wie Menschen Einfluss auf die Beschaffenheit ihrer inneren Bilder nehmen können.

Schließlich wird im dritten Kapitel ein breites Spektrum von Imaginationstechniken vorgestellt, mit deren Hilfe sich die unterschiedlichsten Themen im Coaching kreativ und lösungsorientiert bearbeiten lassen.

Zu diesen Imaginationstechniken finden Sie zahlreiche anonymisierte Fallbeispiele aus der Coaching-Praxis. Natürlich sind dabei die Namen aller genannten Personen frei erfunden und die Beschreibungen enthalten veränderte Angaben in Bezug auf die Berufe der betreffenden Personen, die Zeit und die Orte. Dennoch ist – so hoffe ich – die Anschaulichkeit der Beispiele erhalten geblieben.

1. **Bilder**, die unser Gehirn produziert – das Kino im Kopf

Wenn ich heute an meine Kindheit zurückdenke, dann tauchen unwillkürlich Bilder vor meinem inneren Auge auf. Dies geschieht sehr rasch, spontan und wie von selbst. Dabei spielen bestimmte Bilder eine besondere Rolle. In meiner Vorstellung sehe ich die unterschiedlichsten Szenen, die sich in unserem Garten ereignet haben. Manchmal ist es so, dass ich mich selbst als Kind in diesem Garten spielen sehe. Dort gibt es eine Rosenlaube mit einem Tisch und direkt daneben ein kleines Gehege, in dem einige Kaninchen sich an ihren Mohrrüben erfreuen. Das kleine Mädchen auf diesem Bild sitzt auf dem Rand dieses Geheges. Eine Schwarzwald-Puppe unter den Arm geklemmt, schaut sie den Kaninchen zu und nimmt der Reihe nach eines nach dem anderen auf den Schoß und streichelt über die langen Ohren und den Rücken entlang. Es ist Sommer auf diesem Bild und die Farben sind hell und freundlich. Wenn ich meinen inneren Bildern folge, dann tauchen andere Bereiche des Gartens auf, die ich vor mir sehe. Zum Beispiel der Weg, der durch den Garten führt und an dessen Ende das Tor. Und links und rechts des Weges sehe ich die Beete. Dort wachsen rechts am Zaun hohe gelbe Blumen, die sich an den Zaun anlehnen und ihre Gesichter der Sonne entgegenrecken. Links vom Wege wachsen Rhabarberpflanzen mit ihren riesigen grünen Blättern, allerlei Küchenkräuter und Mohrrüben. Im Hintergrund taucht ein wunderschöner weißer Fliederbaum auf, dessen doppelt gefüllte Blüten gerade blühen und einen intensiven Duft verströmen, wenn man nahe genug rangeht. Das kleine Mädchen läuft zum Zaun, sie hat ihre Freundin Petra entdeckt. Petra wohnt im Nachbarhaus und ist gerade nach draußen gekommen.

Es tauchen aber genau so unwillkürlich jüngere Bilder auf. Da sieht der Garten anders aus, es hat sich einiges verändert in den letzten Jahren. Am Ende des Gartens steht jetzt eine Garage und die Rosen ranken nun über eine stabile neue Holzpergola. Den Zaun zum Nachbarn gibt es nicht mehr, stattdessen sind die beiden Gärten nun durch eine Reihe von Pflanzen voneinander getrennt. Diese neueren Bilder nehme ich anders wahr. Es ist, als wäre ich jetzt in diesem Garten, könnte mich dort umschauen, die Gerüche wahrnehmen und die Stimme des Nachbarn hören, der gerade mit seinem Enkelkind spricht. Das Wahrnehmen dieser Bilder ist mit einer emotionalen Resonanz verknüpft, mit einem Gefühl von Heimat oder Wurzeln, was auch ein Gefühl von Sicherheit ist.

Dann wird meine Aufmerksamkeit ins Hier und Jetzt gelenkt. „Meine sehr verehrten Damen und Herren, in wenigen Minuten erreichen wir Stuttgart Hauptbahnhof. Dort haben Sie Anschluss an den ICE nach Heidelberg. Wir wünschen Ihnen einen schönen Aufenthalt und eine angenehme Weiterfahrt."

Ich verabschiede mich von den inneren Bildern in meinem Kopfkino, kehre in die Gegenwart zurück, schaue aus dem Fenster und betrachte die an mir vorüberfliegende Landschaft.

Unser Gehirn ist offensichtlich ein Bilder produzierendes Organ und wir haben ständig Bilder im Kopf. Dies können erinnerte Bilder sein – wie im obigen Beispiel –, die uns einen Zugang zu vergangenen Erfahrungen schaffen. Das können aber auch Vorstellungen im Sinne konstruierter oder die Zukunft betreffende Bilder sein, wie beispielsweise ein Ziel, das wir erreichen möchten.

Wenn wir Bilder sehen, dann ist das allerdings kein reines Abbilden dessen, was wir da „draußen" wahrnehmen. Die Bilder, die wir sehen, erzeugen wir aktiv selbst. Dies geschieht häufig unbewusst oder „automatisch". Es ist ein sich selbstorganisierender Prozess, der oft so selbstverständlich vonstatten geht, dass wir überhaupt gar nicht mehr darüber nachdenken, welchen Einfluss diese Bilder auf unser Erleben und auf unsere Gefühlswelt haben. Die Grenze zwischen Vorstellung und Wirklichkeit kann dabei verwischen und verschwimmen, denn auch erinnerte Bilder können so lebendig sein, dass sie das Denken, Fühlen und Handeln eines Menschen stark beeinflussen.

1.1 Innere Bilder – eine neurobiologische Perspektive

Neurobiologische Forschungen der letzten Jahre haben gezeigt, dass die Art und Weise, wie Menschen denken, fühlen und handeln, ausschlaggebend dafür ist, welche Verschaltungen der Nervenzellen im Gehirn stabilisiert und gefestigt werden und welche durch Nichtbenutzung gelockert und aufgelöst werden. Hier gilt das Prinzip: „Use it or loose it." (Hüther 2005a, S. 2). Neuronale Verknüpfungen, die nicht benutzt werden, gehen verloren. Dieses Phänomen ist durchaus vergleichbar mit Muskeln, die nicht benutzt werden; auch diese bilden sich zurück und werden bei Sportlern nach Verletzungen gezielt wieder trainiert und aufgebaut. Aus diesem Grund ist es so ungeheuer wichtig, wie unsere inneren Bilder von uns selbst, von unseren Beziehungen zu anderen Menschen, von eigenen Fähigkeiten oder vom weiteren Lebensweg beschaffen sind, denn von dieser Beschaffenheit hängt es ab, wie ein Mensch sein Gehirn benutzt und welche neuronalen Verschaltungen im Gehirn gebahnt und stabilisiert werden. So gibt es innere Bilder, die Menschen dazu veranlassen, Neues zu entdecken, sich zu öffnen und nach Lösungen zu suchen. Es gibt innere Bilder, die Kraft spenden, trösten, Mut machen, Sinn oder Frieden stiften, motivieren oder die einen Menschen glücklich machen. Andererseits gibt es auch innere Bilder, die Angst machen, zu Resignation, Hoffnungslosigkeit oder gar zur Verzweiflung führen (Hüther 2005b, S. 9).

Offenbar haben Menschen seit ewigen Zeiten über die Beschaffenheit der sie umgebenden Welt Bilder oder Vorstellungen entwickelt, die ihr Handeln gelenkt haben. Diese Bilder haben sie dann an andere Menschen weitergegeben, ihnen davon erzählt oder sie anders teilhaben lassen. Aus diesen Bildern haben sich Visionen oder auch kollektive Leitbilder entwickelt, die einen starken Einfluss auf das Handeln ganzer Generationen hatten. Dem Menschen ist es wohl als einziges Lebewesen gelungen, ein sich ständig vergrößerndes Repertoire an selbst entwickelten inneren Bildern anzusammeln und diese von einer Generation an die nächste weiterzugeben. Und nur Menschen verfügen prinzipiell über die Fähigkeit, ihre Handlungen auf der Basis innerer Bilder bewusst und vorausschauend zu planen (Hüther 2005b, S. 30).

1.1.1 Innere Bilder und Emotionen

Bilder beeinflussen unsere Emotionen in der Regel stärker als Worte. Das Wort Zitrone allein führt wahrscheinlich kaum zu einer körperlichen Reaktion. Wenn man jedoch eine Zitrone vor sich sieht und sich vorstellt, wie man hineinbeißt, dann läuft einem das Wasser im Mund zusammen.

Redner, die ihr Publikum nicht nur rational, sondern auch emotional erreichen wollen, nutzen dazu Metaphern und bildhafte Redewendungen.

Nicht umsonst ist manchmal die Rede von „Bildern, die die Welt bewegen". Mir fällt dazu beispielsweise die erste Landung von Astronauten auf dem Mond ein. Ich kann mich genau daran erinnern und sehe das schwarz-weiße Bild auf dem Fernsehschirm als erinnertes Bild gerade vor mir und habe so einen Zugang zur gesamten damaligen Situation. Die Atmosphäre in unserem Wohnzimmer war von Neugierde, Spannung und Aufregung geprägt. Ich spürte genau, dass dies ein besonderer Moment war und dass gerade etwas ganz Außergewöhnliches passierte. Alle starrten gespannt und staunend auf den Bildschirm und verfolgten die Übertragung. Diese Bilder standen für etwas Einzigartiges und Neues, und sie haben sich wahrscheinlich in die Köpfe vieler Menschen meiner Generation eingebrannt.

Die Bilder, die in unser Bewusstsein gelangen, sind jedoch nur ein verschwindend kleiner Teil der Bilder, die unser Gehirn generiert. Entscheidend dafür, ob ein Sinneseindruck – und damit ein Bild – bewusst wahrgenommen werden, ist der Umstand, wie wichtig diese Information für die betreffende Person ist. Bilder, die in emotional stark aufgeladenen Situationen in unserem Gehirn entstehen, bleiben sehr eng mit dem limbischen System verbunden. Das Bild von der Mondlandung hat sich deshalb so fest in die Köpfe vieler Menschen eingeprägt, weil die entsprechende Situation emotional stark aufgeladen war. Bilder von solch emotionalen Situationen werden im Gehirn besonders stabil und nachhaltig verankert und durch neuronale Bahnungsprozesse stark gefestigt. Das sind dann Bilder, die einem nie aus dem Kopf gehen, weil sie mit starken positiven oder aber negativen Gefühlen verbunden sind (Hüther 2005b, S. 24).

Die Verbindung von Sehen und Fühlen

In unserem Gehirn gibt es eine direkte neuronale Verbindung zwischen Sehen und Fühlen. Was geschieht, wenn diese unterbrochen ist, veranschaulicht das folgende Beispiel auf eine sehr beeindruckende Art und Weise.

Der Neurowissenschaftler Ramachandran (2006) beschreibt den Fall eines Patienten, der nach einem Autounfall, bei dem er sich Kopfverletzungen zugezogen hatte, zunächst zwei Wochen im Koma lag. Als er aus dem Koma erwachte, konnten zunächst keine neurologischen Schäden festgestellt werden. Er litt jedoch unter einer hartnäckigen Wahnvorstellung. Jedes Mal, wenn er seine Mutter sah, war er der festen Überzeugung, dass diese Frau zwar aussehe wie seine Mutter, dass sie es aber nicht sei und demzufolge eine Doppelgängerin sein müsse. In jeder anderen Hinsicht war der Patient vollkommen gesund. Er war intelligent, aufmerksam und litt unter keinerlei emotionaler Störung.

Die visuellen Areale in seinem Gehirn funktionierten völlig normal, sodass sein Gehirn ihm mitteilte, die Frau in seinem Blickfeld sehe tatsächlich aus wie seine Mutter. Allerdings wurde die neuronale Verbindung oder das „Kabel", das die visuellen Zentren im Gehirn mit der Amygdala im limbischen System verbindet, durch die Kopfverletzungen durchtrennt, sodass keine emotionale Bewertung dieses visuellen Eindruckes erfolgen konnte. Demzufolge sah der Patient seine Mutter und dachte: „Diese Frau sieht zwar genau so aus wie meine Mutter, aber sie kann es nicht sein, denn ich empfinde nichts für sie. Sie ist eine Fremde, die so tut, als wäre sie meine Mutter." Das war die einzige Interpretation, die aus der Sicht des Patienten einen Sinn ergab; und so lässt sich ein bizarres und rätselhaftes neurologisches Phänomen schließlich mithilfe bekannter Nervenbahnen erklären. Noch verblüffender ist in diesem Zusammenhang der Umstand, dass der Patient die Stimme seiner Mutter sofort erkannte. Hier fand keine Täuschung statt, denn die Verbindung zwischen dem auditorischen Bereich im Gehirn und dem Emotionszentrum im limbischen System war erhalten geblieben.

1.1.2 Innere Bilder und Neuroplastizität

Für die Hirnforscher ist in den letzten Jahren ein lang ersehnter Traum in Erfüllung gegangen. Durch die Entwicklung eines Gerätes, mit dem man in das Gehirn eines lebenden Menschen hineinschauen kann, ist es möglich geworden, dieses als dreidimensionales Bild von allen Seiten zu betrachten. Bisher beruhten alle Kenntnisse, die Ärzte und Forscher gewonnen hatten, auf Untersuchungen, die an den Gehirnen verstorbener Menschen durchgeführt wurden, oder auf Erfahrungen, die sie bei neurochirurgischen Eingriffen gesammelt hatten. Durch die Einführung eines neuen Verfahrens – der sogenannten Magnetresonanztomografie – lassen sich Bilder zeigen, die Aufschluss darüber geben, welche Hirnstrukturen sich beispielsweise bei einer Demenzerkrankung auflösen. Sämtliche Veränderungen im Gehirn, die durch Krankheiten entstehen, lassen sich so sichtbar machen und Neurochirurgen können vor einer Operation mithilfe dieser Technologie millimetergenau festlegen, wo sie ihre Eingriffe durchführen müssen.

Aber man kann auch strukturelle Besonderheiten im Gehirn erkennen, die mit bestimmten Fähigkeiten korrespondieren. So hat man bei Londoner Taxifahrern die Größe und Struktur des Hirnbereiches vermessen, der für die räumliche Orientierung zuständig ist, und siehe da: Je länger jemand als Taxifahrer gearbeitet und damit diesen

Bereich des Gehirns benutzt hatte, desto stärker war diese Struktur – der sogenannte Hippocampus – ausgebildet (Hüther 2005a, S. 1f.).

Heute lassen sich aber nicht nur Hirnstrukturen abbilden, sondern es ist ebenfalls möglich, die im Gehirn ablaufenden Erregungsprozesse als funktionelle Aktivierungsbilder darzustellen. Nun lässt sich erkennen und lokalisieren, was im Gehirn eines Menschen passiert, wenn er eine bestimmte Handlung ausführt oder an etwas Bestimmtes denkt, und man kann dem Gehirn sozusagen bei der Arbeit zuschauen. So wurde beispielsweise festgestellt, dass bestimmte Areale im Gehirn mit den dazugehörigen neuronalen Netzwerken stärkere oder schwächere Erregungsprozesse produzieren – also stärker oder schwächer „feuern" –, wenn ein Mensch Angst hat, Ekel oder Trauer empfindet oder wenn er sich ein erfreuliches Ereignis vorstellt. Es wurde auch sichtbar, dass das Gehirn eines bestimmten Menschen anders auf Gewaltdarstellungen oder Musikeinspielungen reagiert als das eines anderen Menschen (Hüther 2005a, S. 3).

All diese Erkenntnisse haben in den letzten Jahren im Bereich der Hirnforschung zu einem entscheidenden Paradigmenwechsel geführt, was das Dogma der Unveränderlichkeit einmal entstandener Verschaltungsmuster im Gehirn betrifft. Heute ist man davon überzeugt, dass das Gehirn im hohen Maße strukturell formbar ist und dass diese Verschaltungsmuster veränderbar sind. Man spricht in diesem Zusammenhang von Neuroplastizität.

Während sich noch vor einigen Jahren kein Hirnforscher vorstellen konnte, dass das, was Menschen erleben, die Strukturen im Gehirn verändern kann, geht man heute davon aus, dass die Erfahrungen, die Menschen im Lauf ihres Lebens machen, strukturell im Gehirn verankert werden und den nachhaltigsten und wirksamsten Einfluss darauf haben, wie die im Gehirn angelegten neuronalen Netzwerke genutzt werden. Erfahrungen sind natürlich immer das Resultat der individuellen und subjektiven Bewertungen der eigenen Reaktion auf Ereignisse in der Umwelt. Nicht nur Hirnforscher, sondern auch Psychologen und Psychotherapeuten interessieren sich besonders für die Frage, unter welchen Umständen neuronale Muster durch neue Erfahrungen „überschrieben" werden können, oder für die Frage, wie einmal entwickelte und verankerte Gefühle oder Bilder verändert werden können (Hüther 2001, S. 18).

1.1.3 Emotionen und neuronale Autobahnen

Die Verankerung von Erfahrungen im Gehirn ist eng mit der Aktivierung limbischer und somit für die emotionale Bewertung zuständiger Hirnregionen verknüpft. Limbische Hirnregionen werden besonders dann aktiviert, wenn der Mensch etwas Neues oder Unerwartetes wahrnimmt. Das kann, je nach Situation und subjektivem Erleben, als negativ (Bedrohung, Angst) oder als positiv (Belohnung, Freude) bewertet werden. Die Aktivierung limbischer Bereiche im Gehirn führt zu einer Ausschüttung von Signalstoffen in den kortikalen Hirnregionen und diese Signalstoffe wiederum stimulieren die Bahnung neuer Synapsen. Es kommt zu einer Festigung und Stabilisierung jener Nervenzellenverschaltungen, die durch die emotionale Aktivierung besonders intensiv genutzt werden. Diese strukturelle Verankerung positiver oder negativer Erfahrungen bildet unser „emotionales Gedächtnis" für erfolgreiche oder erfolglose Bewältigungsstrategien. Das bedeutet: Wenn etwas gut, effektiv oder besonders nachhaltig gelernt werden soll, müssen Emotionen im Spiel sein (Hüther 2005a, S. 11). Auf dem Hintergrund dieser Erkenntnisse wird deutlich, dass innere Bilder auch eine strukturierende Funktion haben: Sie formen und verändern unser Gehirn.

Die Fähigkeit zu neuen Wahrnehmungen und diese für das Entwickeln neuer innerer Bilder in Form spezieller synaptischer Verschaltungen im Gehirn zu verankern, ist beim Menschen besonders gut entwickelt. Als Menschen sind wir in der Lage, bereits angelegte innere Bilder mit neu erzeugten Bildern zu vergleichen und somit unsere bisherigen Vorstellungen zu verändern. Wird dieses erweiterte neue innere Bild in das Repertoire der bereits vorhandenen inneren Bilder integriert, hat ein Mensch etwas dazugelernt (Hüther 2005b, S. 77).

1.1.4 Neue Spuren im Gehirn

Aufgrund seiner individuellen Erfahrungen entwickelt jeder Mensch bestimmte Annahmen und auch Vorstellungen über sich selbst und seine Beziehungen zur sozialen Welt, in der er lebt. Diese Annahmen und Vorstellungen werden als innere Orientierungsmuster und Leitbilder im Gehirn verankert, die die Aufmerksamkeit eines Menschen in eine bestimmte Richtung lenken, Einfluss auf seine Entscheidungen haben und insgesamt sein Denken und Handeln prägen. Somit haben diese inneren Bilder einen ganz entscheidenden Einfluss darauf, wie und wofür ein Mensch sein Gehirn benutzt.

Wie stark innere Bilder jede Handlung beeinflussen, wird durch folgendes Beispiel deutlich: Komplexe und schwierigere Handlungsmuster, wie beispielsweise das koordinierte Krabbeln bei kleinen Kindern, Schwimmen oder Fahrradfahren, müssen mithilfe von Vorbildern und durch wiederholtes Üben und Trainieren gelernt werden. Durch das Anschauen und Üben werden neue neuronale Verknüpfungen gebahnt und stabilisiert. Das Entscheidende ist jedoch: Damit es überhaupt zu einer beabsichtigten Handlung kommt, muss ein inneres Handlungsbild aktiviert werden.

Die für die Strukturierung des Gehirns wichtigsten inneren Bilder werden in den höchsten Bereichen des menschlichen Gehirns – im frontalen Cortex – gebildet. Diese inneren Bilder sind die Grundlage für die anspruchsvollsten Leistungen des menschlichen Gehirns: die Fähigkeit, ein Selbstbild zu entwickeln; die Fähigkeit, sich seiner eigenen Wirkung bewusst zu sein; die Fähigkeit, sich in andere Menschen hineinzuversetzen; die Fähigkeit, sich eine Vorstellung von dem zu machen, was man will, und seine Handlungen dementsprechend zu planen.

All diese neuen wissenschaftlichen Erkenntnisse haben eine große Bedeutung für die Coaching-Praxis. Jede Lernerfahrung und damit auch jede Vorstellung und jedes innere Bild ist in unseren Synapsen als neuronales Erregungsmuster gespeichert und je häufiger dieses Muster oder innere Bild aktiviert wird, desto stabiler werden diese Muster. Stabile Muster – unsere Gewohnheiten und alles, was wie von selbst geht – werden zu neuronalen Autobahnen. Wenn Veränderung gelingen soll, brauchen wir neue Spuren im Gehirn. Diese sind zunächst noch so schmal wie Feldwege und werden erst nach und nach zu Autobahnen. Im Coaching suchen wir deshalb nach Möglichkeiten, alte Wege stillzulegen, um damit alte Strukturen zu hemmen und zu transformieren und natürlich auch neue Wege anzulegen. Das ist die neurobiologische Grundlage jeder Veränderungsarbeit. Dass dies bis ins hohe Alter möglich ist, wird von Fachleuten mit dem Begriff Neurogenese beschrieben. Neurogenese bedeutet, dass auch in alten Köpfen neue Nervenzellen sprießen, die dafür sorgen, dass wir bis ins hohe Alter fit bleiben. Diese neuen Nervenzellen wachsen allerdings nur dann zu funktionstüchtigen Neuronen heran, wenn man ihnen etwas bietet. Lernreize aller Art wirken also wie Dünger fürs Gehirn (Blech 2006).

Bei der Veränderungsarbeit im Coaching spielen innere Bilder eine ganz zentrale Rolle, weil sie so umfassend auf unser Denken und Fühlen einwirken. Die Veränderung innerer Bilder mithilfe imaginativer Methoden ist somit eine der effektivsten Möglichkeiten, neue Spuren im Gehirn anzulegen.

1.2 Das Spieglein im Gehirn – innere Bilder und Spiegelneurone

Eine andere neurobiologische Entdeckung unterstreicht ebenfalls die große Bedeutung innerer Bilder: die Entdeckung der Spiegelneurone. Giacomo Rizzolatti, ein italienischer Forscher, ging mit seinen Mitarbeitern einige Zeit der Frage nach, wie unser Gehirn die Planung und Ausführung zielgerichteter Handlungen steuert. Er begann seine Untersuchungen zunächst mit Affen, da deren Gehirn dem des Menschen ähnelt. Später dehnte er seine Forschungen auf den Menschen aus und kam zu den gleichen Ergebnissen.

Bei Affen machte er zunächst die folgende Beobachtung: Er identifizierte bestimmte Handlungsneurone und ordnete diese ganz spezifischen Aktionen zu. Auf diese Weise war genau festzustellen, dass eine solche Nervenzelle immer nur dann feuerte, wenn der Affe eine bestimmte Handlung ausführte. Deutlich wurde dieses Phänomen durch eine Versuchsanordnung, bei der der Affe nach einer auf einem Tablett liegenden Nuss greifen sollte. Immer wenn der Affe nach einer solchen Nuss griff – und nur dann –, feuerte eine bestimmte Nervenzelle gemeinsam mit den sie umgebenden Neuronen. Die Zelle steuerte offensichtlich den Handlungsplan zum Greifen der Nuss, denn sie feuerte auch dann, wenn der Affe nach der Nuss auf dem Tablett – nachdem er sie vorher bei Licht gesehen hatte – in völliger Dunkelheit greifen musste.

1.2.1 Monkey-see-Monkey-do-Neurone

Im zweiten Schritt beobachteten die Forscher etwas noch Erstaunlicheres: Diese Zelle feuerte bereits, wenn der Affe beobachtete, wie ein anderer Affe nach der Nuss griff. Es dauerte eine Weile, bis man begriffen hatte, was dies bedeutete, und dass es sich hier um eine neurobiologische Sensation handelte. Damit war nämlich nachgewiesen, dass es so etwas wie eine neurobiologische Resonanz gibt. Allein durch die Beobachtung einer durch einen anderen vollzogenen Handlung wird beim Beobachter – hier beim Affen – ein eigenes neurobiologisches Programm aktiviert. Es wird genau das neurobiologische Programm aktiviert, das die beobachtete Handlung bei der betreffenden Person selbst zur Ausführung bringt. Die entsprechenden Nervenzellen werden als Spiegelneurone oder „mirror neurons" bezeichnet.

Bei anderen beobachtete Handlungen rufen also unweigerlich unsere Spiegelneurone auf den Plan. Sie aktivieren in unserem Gehirn genau dasselbe motorische Programm, das zuständig wäre, wenn wir die Handlung selbst ausgeführt hätten. Dies geschieht simultan, unwillkürlich und unbewusst. Es entsteht eine interne neuronale Kopie von der beobachteten Handlung, so als vollzöge der Beobachter die Handlung selbst.

Spiegelneurone werden aber nicht nur dadurch aktiviert, dass bei einem anderen eine Handlung beobachtet wird. Beim Menschen reicht es aus, wenn von einer Handlung gesprochen wird, um eine Resonanz bei den Spiegelneuronen zu erzielen (vgl. Bauer 2005, S. 21 ff.).

Besonders interessant für das Thema der inneren Bilder ist jedoch eine Versuchsanordnung, die sich mit Affen nicht durchführen lässt, da sie menschliche Anweisungen nicht verstehen. Die handlungssteuernden Nervenzellen werden nicht nur dann aktiv, wenn eine Person eine spezielle Handlung bei einer anderen Person beobachtet, sondern sie feuern auch dann, wenn man die Testperson bittet, sich die betreffende Handlung vorzustellen. Natürlich kann es bei der Vorstellung dieser Handlung bleiben, denn nicht jede vorgestellte Handlung wird umgesetzt. Allerdings gilt: Handlungsvorstellungen oder innere Bilder von einer Handlung haben eine deutlich höhere Chance, umgesetzt und realisiert zu werden, als solche, die vorher nicht als inneres Bild vorhanden waren (Bauer 2005, S. 21). Dies beweist und erklärt nun auch, warum es im Coaching wichtig ist, nicht nur über Ziele zu sprechen, sondern diese auch mithilfe imaginativer Methoden zu visualisieren.

1.2.2 Spiegelneurone und Intuition

Darüber hinaus erklärt die Entdeckung der Spiegelneurone ein Phänomen, das wir Intuition nennen. Damit unser zwischenmenschlicher Alltag einen halbwegs reibungslosen Verlauf nimmt, müssen bestimmte Voraussetzungen erfüllt sein, über die wir nicht mehr nachdenken. Jeder Mensch verfügt über unreflektierte Gewissheiten oder implizite Annahmen in Bezug auf alltägliche Situationen. Eine wichtige Gewissheit besteht beispielsweise darin, dass sich die Menschen, die uns in einer bestimmten sozialen Situation umgeben, vorhersehbar – das heißt innerhalb eines von uns erwarteten Spektrums – verhalten. So werden wir auf einer Geburtstagsfeier – solange es keinen aktuellen Anlass gibt – nicht darüber nachdenken, ob diese Situation „sicher" ist. Wir nehmen aber unbewusst eine Einschätzung vor, ob von den Anwesenden ein friedlicher und harmonischer Ablauf zu erwarten ist.

Diese unbewusste Orientierung wird überwiegend durch ein optisches Interpretationssystem geregelt, mit dem die Körpersprache anderer Menschen gedeutet wird.

Wir kennen aber auch Situationen, in denen uns das ungemütliche Gefühl beschleicht, es könnte etwas Bedrohliches geschehen. Wir wissen nicht, warum, aber unsere Sicherheit erscheint plötzlich gefährdet. Wir ahnen, was kommen könnte: Spiegelphänomene machen Situationen – im Positiven wie im Negativen – vorhersehbar. Wenn eine Situation jedoch nicht mehr vorhersehbar ist und unsere Intuition uns nicht weiterhilft, stellt sich eine unkontrollierbare Stressreaktion ein, die mit dem Gefühl der Angst verbunden ist.

Die Fähigkeit und der damit verbundene neurobiologische Mechanismus, der uns in die Lage versetzt, spontan und intuitiv den weiteren Ablauf einer Situation vorauszusehen, wurden durch ein weiteres Experiment deutlich. Maria Alexandra Umilta, eine Kollegin des Forschers Giacomo Rizzolatti, beschäftigte sich weiter mit den Affen, bei denen man vorher die handlungssteuernden Neurone identifiziert hatte. In diesen Handlungsneuronen war ja ein Programm für eine ganz bestimmte Aktion oder einen bestimmten Handlungsablauf gespeichert. Umilta griff auf das Beobachtungsexperiment zurück, bei dem ein Affe einen anderen dabei beobachtet, wie er eine Nuss von einem Tablett nimmt. Auch bei diesem beobachtenden Affen feuerten bekanntlich die Spiegelneurone. Durch dieses neue Experiment wurde jedoch deutlich, dass der beobachtende Affe sich gar nicht den ganzen Handlungsablauf anschauen musste, sondern dass es ausreichte, den Beginn dieser Handlung zu sehen. Konnte der Affe den eigentlichen Zugriff nicht sehen, feuerten dennoch die Spiegelnervenzellen, obwohl sie nur Informationen über einen Teil der Handlungssequenz hatten.

Auf das Phänomen der Intuition übertragen, erklärt dieses Experiment einiges, was vorher nicht begründbar war: Eine Momentaufnahme oder ein kurzer Eindruck genügt also, um uns eine intuitive Ahnung zu vermitteln und vorherzusehen, was als Nächstes geschieht. Der Gesamtablauf einer Handlung *scheint vor unserem inneren Auge auf*, obwohl wir nur eine Teilsequenz der Handlung wahrgenommen haben. Diese intuitiven Ahnungen entstehen auch dann, wenn uns die zugrunde liegenden Wahrnehmungen nicht bewusst sind.

Wie wichtig dieses intuitive Vorhersehen oder dieses intuitive Verständnis anderer sein kann, wird bei Mannschaftssportarten oder auch in der Teamarbeit deutlich. Beim Fußball beispielsweise ist es für den Spieler enorm wichtig, bei der Ballabgabe intuitiv zu wissen, wohin die Laufwege der Mitspieler gehen werden, oder – umgekehrt – ist es für die Mitspieler wichtig, den Weg des Balles in der Luft intuitiv vorherzusehen (Bauer 2005, S. 27–32).

Heute geht man davon aus, dass die Spiegelneurone eine wichtige Rolle in der menschlichen Evolution und in der Kulturentwicklung gespielt haben, denn Kultur beruht zu einem großen Teil auf Nachahmung von Eltern und Lehrern. Die Imitation von komplexen Fähigkeiten setzt die Beteiligung von Spiegelneuronen voraus. Möglicherweise hat vor 50.000 Jahren das Spiegelneuronen-System der Menschen eine Entwicklungsstufe erreicht, die einen Entwicklungssprung in der Fähigkeit zur Nachahmung komplexer Handlungsabläufe zur Folge hatte (Ramachandran 2006, S. 51).

Diese neurobiologischen Erkenntnisse über die Spiegelneurone bieten nun eine Erklärungsgrundlage für NLP-Technik des **„New Behaviour Generator"**[1], die unter anderem im Coaching eingesetzt wird, um die Leistungsfähigkeit des Klienten in einer bestimmten Situation zu verbessern. Das kann beispielsweise eine Präsentation oder ein wichtiges Gespräch sein. Die Technik basiert im Wesentlichen darauf, dass der Klient bestimmte Personen in diesem Handlungskontext visualisiert, die Fähigkeiten oder Verhaltensweisen zeigen, über die der Klient selbst gerne verfügen möchte. Nachdem diese internen visuellen Repräsentationen stabil aufgebaut sind, sieht der Klient sich selbst mit diesen neuen, von anderen abgeschauten Verhaltensweisen agieren und begibt sich im nächsten Schritt in diese Situation hinein. Ohne die Funktionsweise unserer Spiegelneurone wäre kein Mensch in der Lage, diesen Prozess mental zu durchlaufen, und es wäre auch kein Veränderungs- oder Lerneffekt erkennbar (vgl. Krutiak 2006).

---

1   Eine detaillierte Beschreibung der Technik des New Behaviour Generator finden Sie im dritten Kapitel dieses Buches.

1.3 Die Macht innerer Bilder

Mittels ihrer inneren Bilder entscheiden Menschen, was ihnen wichtig ist, worauf sie ihre Aufmerksamkeit lenken, wie sie ihre Vorstellungen umsetzen und wofür sie sich engagieren. Besonders deutlich wird die Macht innerer Bilder am Beispiel der großen Religionen. Ursprünglich entstanden diese vor Tausenden von Jahren als innere Bilder in den Köpfen besonders begabter Visionäre und daraus entwickelten sich die heutigen Weltreligionen. Die ursprünglichen Bilder wurden zu handlungsleitenden und kollektiven Orientierungen für ganze Kulturen; heute repräsentieren sie den Glauben der Menschen und werden von einer Generation an die andere weitergegeben (Hüther 2005b, S. 14).

Ein weiterer Hinweis auf die Macht innerer Bilder sind Untersuchungen zum Phänomen des „psychogenen Todes". Diese zeigen, dass selbst gesunde Menschen innerhalb von wenigen Tagen aufgrund von sich selbstorganisierten inneren Imaginationsprozessen sterben können, wenn sie beispielsweise in dem für sie wichtigen sozialen Bezugssystem Tabus gebrochen haben und dieser Tabubruch vom entsprechenden System so behandelt wird, dass man sein Leben verwirkt hat (Schmid 2000; Schmidt 2005a, S. 33).

1.3.1 Wenn innere Bilder wahr werden

Die allumfassende Bedeutung innerer Bilder wird deutlich, wenn man sich bewusst macht, dass alles, was Menschen bisher erschaffen haben – im positiven wie im negativen Sinne –, vorher als inneres Bild existiert hat, seien es Gebäude, Kunstwerke, technische Konstruktionen, wissenschaftliche Theorien oder Organisationen und Unternehmen. Am deutlichsten zeigt sich unsere Vorstellungskraft vielleicht in den Ausdrucksformen der bildenden Kunst, der Malerei, der Mode, der Literatur oder auch der Musik. Diese real gewordenen Gestaltungen regen wiederum unsere Vorstellungskraft oder Fantasie an. Man denke dabei nur an den Bereich der Literatur. Besonders erfolgreiche Romane zeichnen sich unter anderem dadurch aus, dass sie in einer sehr bildreichen Sprache verfasst sind. Während wir sie lesen, entstehen Bilder oder sogar Filme in unserem Kopf. Wir wissen, wie die Protagonisten aussehen, wir sehen sie in ihrer Umgebung handeln, die wir uns auch genau vorstellen können. Mithilfe dieser Bilder können wir uns in die Personen einfühlen und uns mit ihnen identifizieren. Wie klar und deutlich unsere inneren Bilder beim Lesen eines Romans sein können, wird spätestens dann deutlich, wenn wir den Roman als Verfilmung anschauen. Oft sind wir dann enttäuscht, weil die Protagonisten so ganz anders aussehen, als wir sie uns vorgestellt haben.

Welch große Kraft innere Bilder haben können, wird deutlich, wenn man sich besonders visionäre Ideen vergegenwärtigt, die einen starken Einfluss auf gesellschaftspolitische oder technische Entwicklungen hatten. Man denke an die berühmte Rede von Martin Luther King vom 28. August 1963 in Washington D.C., Lincoln Memorial: *„So I say to you my friends, that even though we must face the difficulties of today and tomorrow, I still have a dream ... I have a dream that one day on the red hills of Georgia the sons of former slaves and the sons of former slave-holders will be able to sit down together at the table of brotherhood ...“*

Ein anderes Beispiel ist der Traum von Bill Gates. Seine Vision oder sein inneres Bild bestand darin, dass eines Tages in jedem Haushalt ein PC steht – und das zu einer Zeit, als es auf der Welt gerade einige wenige Großrechner gab, die nur Experten für politische oder wissenschaftliche Zwecke nutzten.

Aber innere Bilder üben nicht nur im positiven Sinne Macht aus, in besonderen Fällen stehen sie auch für das Symptom einer Erkrankung, dies gilt beispielsweise bei posttraumatischen Belastungsstörungen (vgl. Schmidt 2005b, S. 12). Untersuchungen mit bildgebenden Verfahren haben bei massiv traumatisierten Menschen gezeigt, dass ihre Erinnerungen in sehr verwirrender Weise fragmentiert sind und dass das Gehirn diese Bilder nicht als erinnerte Bilder abgespeichert hat. Dabei sind die Aktivitäten in der rechten Gehirnhälfte besonders stark ausgeprägt und die betroffenen Menschen fühlen sich von diesen Schreckensbildern geradezu überflutet. Sie erleben sogenannte Flashbacks – Erfahrungen, die besonders belastend sind, weil sie so erlebt werden, als würden sie hier und jetzt stattfinden.

Diese Prozesse gehen mit einer hohen Erregung der Amygdala – des Angstzentrums im limbischen System des Gehirns – einher. Wenn man so will, handelt es sich um durch das Angstzentrum gesteuerte Imaginationsprozesse, denen die betroffenen Personen hilflos ausgeliefert sind und auf die sie keinen Einfluss haben. Ziel der therapeutischen Arbeit ist es dann, die Kontrollfähigkeit über diese belastenden Bilder, die offensichtlich ein Eigenleben führen, wiederzuerlangen.

Innere Bilder können auch eine Richtung weisen und Orientierung bieten und somit handlungsleitend sein. Aber nicht alle inneren Bilder taugen zur Orientierung und geben eine geeignete Richtung vor. Wieder gilt das altbekannte NLP-Prinzip, dass es gut ist, Wahlmöglichkeiten zur Verfügung zu haben. Aufgaben können wir erfolgreich lösen und Probleme bewältigen, wenn wir ein breites und vielfältiges Spektrum an handlungsleitenden inneren Bildern zur Verfügung haben, die mit positiven Emotionen und guten Erfahrungen verknüpft sind. Nur dann können wir auf unterschiedliche Vorstellungen zurückgreifen und die beste Möglichkeit auswählen.

Wenn es in unserer Vorstellungswelt an Lösungsalternativen mangelt, breitet sich Verunsicherung aus und der damit einhergehenden Angst kann nur durch primitivere „Notfallbilder" begegnet werden. Solche Bilder werden auf allen Ebenen der Organisation lebender Systeme für die Bewältigung von Notfällen bereitgehalten und sie sind älter und durch breite neuronale Verknüpfungen fester verankert. Der betroffene Mensch reagiert dann mit archaischen Notfallhandlungen wie Flucht, Angriff oder Erstarrung und findet eben keine konstruktiven oder kreativen Lösungen (Hüther 2005b, S. 118).

Warum negative Zielbilder keine Handlungsorientierung bieten

Auch negative Zielbilder oder Schreckensvisionen sind nicht als Handlungsorientierung geeignet, wie das folgende Beispiel aus dem Bereich Unternehmensentwicklung zeigt. Das amerikanische Unternehmen Xerox hatte sich in den 1980er-Jahren auf die Herstellung von Kopiergeräten spezialisiert und war in diesem Bereich sehr erfahren und erfolgreich. Eines Tages passierte etwas sehr Interessantes: Ein Mitarbeiter der Forschungs- und Entwicklungsabteilung besuchte den Hauptsitz der Zeitung „Los Angeles Times" und sah dort im Büro kein einziges Blatt Papier. Alle Mitarbeiter bei dieser großen Zeitung benutzten ausschließlich Computer und E-Mail.

Diese für die Firma Xerox wohl sehr erschreckende Information führte dazu, dass man sich all die Dinge vorstellte, die passieren könnten, wenn man sich bei Xerox nicht auf diese papierlose Entwicklung in der Zukunft einstellte. Was sollte mit einer Firma geschehen, deren Erfolg davon abhing, dass Menschen Papier kopierten, wenn man davon ausging, dass niemand in ein paar Jahren noch Papier benutzen würde? Bei Xerox orientierte man sich an diesen Schreckensbildern und bewegte sich von der negativen Zukunftsvision weg, indem man begann, sich mit dem Personal Computer und seinen Entwicklungsmöglichkeiten zu beschäftigen.

Das Unternehmen versuchte also, sich auf ein ganz anderes Handlungsfeld zu begeben, zu dem aber die Identität und das Selbstverständnis des Unternehmens überhaupt nicht passten. Darüber hinaus fehlten die erforderlichen Fähigkeiten. Nach einigen Irrwegen scheiterte dieses Projekt, und mit Unterstützung eines Beraters begann man, andere Ziele und positive innere Bilder zu entwickeln. Man kreierte nun computergestützte Verbesserungen für Kopiergeräte, sodass Geräte entstanden, mit denen man beschriebenes Papier einscannen und Schrift in den Computer einlesen kann (Dilts 1998, S. 71).

All diese Beispiele machen deutlich, welch entscheidenden Einfluss innere Bilder auf unser Denken, Fühlen und Handeln haben und wie wichtig es für jeden Menschen ist, über geeignete innere Bilder zu verfügen.

2. Imaginationen
– unser Vorstellungsvermögen
als Zauberkraft

In dem Wort Imagination steckt das englische Wort „image", das in unseren deutschen Sprachgebrauch übergegangen ist. Ein Image ist ein Bild, das andere von uns im Kopf haben. Im Gegensatz dazu ist mit dem Wort „picture" ein Foto oder ein Bild gemeint, das nicht nur im Kopf eines Menschen, sondern auch in der äußeren Welt präsent ist. Jeder Mensch kann sich etwas vorstellen, selbst wenn diese Fähigkeit ganz unterschiedlich ausgeprägt sein mag.

Wenn Sie jetzt an Ihren letzten Urlaub denken, dann tauchen wahrscheinlich Bilder vor Ihrem inneren Auge auf. Oder wenn Sie den Namen eines Ihnen nahe stehenden Menschen hören, sehen Sie diesen Menschen wahrscheinlich vor sich. Sie können Ihre Küche sehen, selbst wenn Sie tausende Kilometer von Ihrer Wohnung entfernt sind. Sie können sich mental an Ihren Arbeitsplatz „beamen", aber auch imaginativ mit Freunden ausgehen, und Sie können leicht zwischen diesen Bildern hin und her wechseln. Gunter Schmidt, der Begründer der hypnosystemischen Therapie, hat dieses Phänomen auf eine sehr humorvolle Weise beschrieben: „Wir imaginieren uns so durch den Tag, und das Schöne ist, das verpflichtet zu nichts."

Häufig entwickeln wir unbewusst und unwillkürlich innere Bilder. Sie tauchen einfach vor unserem inneren Auge auf. Wenn wir von Imagination sprechen, dann ist damit die Fähigkeit gemeint, sich eine Vorstellung, ein Bild von etwas zu machen, das nicht mehr oder noch nicht präsent ist. Das bedeutet, wir können erinnerte Bilder wahrnehmen oder innere Bilder konstruieren und somit die Zukunft in die Gegenwart hineinholen. Die Fähigkeit zur Konstruktion innerer Bilder wird auch als Fantasie bezeichnet. Aus bereits bekannten Elementen kreieren wir mithilfe unseres Vorstellungsvermögens etwas Neues. Somit verfügt jeder Mensch über eine mentale Kreativitätsabteilung. Wenn diese ungestört arbeitet, können wir unserer Fantasie freien Lauf lassen, denn in unseren Träumen gibt es keine Begrenzungen und Beschränkungen – alles ist möglich.

Ohne Fantasie und Vorstellungsvermögen gibt es keine kreativen Lösungen für auch noch so alltägliche Aufgaben und Probleme. Jeder Mensch ist bei der Bewältigung solcher Aufgaben auf seine Fantasie angewiesen. Die Fähigkeit zur Imagination muss zwar nicht erlernt werden, dennoch lassen sich imaginative Fähigkeiten trainieren, bewusster einsetzen und gezielter nutzen.

Doch der Begriff Fantasie weckt nicht nur positive Assoziationen. Aus einer realistischen oder kritischen Perspektive betrachtet dürfen die Ideen nicht zu fantastisch oder unrealistisch sein. Redewendungen wie „Das gibt's ja nur im Traum", „Das ist ja nur Einbildung" oder „Jemand ist ein unverbesserlicher Träumer" machen den Einwand deutlich, dass unsere Vorstellungskraft uns von der Realität entfernen oder dem Alltag entfremden kann.

Aber gerade das macht die Zauberkraft der Imagination aus: Unsere Vorstellungskraft ist ein „Raum der Freiheit" (Kast 2003) und ein sehr intimer und persönlicher Raum, der – wenn wir ihn nicht teilen wollen – nur uns gehört. Nur hier können wir tun und lassen, was wir wollen. Unsere Vorstellungskraft schafft einen Zugang zu einer Welt der anderen Möglichkeiten. Unsere imaginäre Welt kann – wenn wir sie gezielt nutzen – zu einem Raum der Zuflucht werden, zu einem Raum des Schutzes und zu einer Kraftquelle, an der wir auftanken können, um die Anforderungen der Realität zu bewältigen. Unsere Vorstellungskraft ist aber auch der Schlüssel zu unserem kreativen Potenzial. Mit ihrer Hilfe können wir Probleme lösen, Neues entdecken und Innovationen schaffen. Wenn es uns gelingt, dieses ungeheure Potenzial unserer Innenbilder konstruktiv zu nutzen, dann entwickeln sie tatsächlich Zauberkraft.

2.1 Unbewusste Bilder

Auch wenn wir träumen, spielen innere Bilder eine wichtige Rolle. Unser Gehirn produziert des Nachts selbstorganisiert seine eigene Multimedia-Show. Die intensivsten Träume finden morgens in der Früh während der sogenannten REM-Phasen statt, wenn all unsere Skelettmuskeln erschlaffen. Nur die Augen rollen hinter den geschlossenen Lidern hin und her (Rapid Eye Movement). Ob ein Traum schön oder furchterregend ist und zum Albtraum wird, entscheidet das limbische System, das für die emotionale Einfärbung und Bewertung von Wahrnehmungen zuständig ist.

Besonders wiederkehrende Albträume sind quälend und belastend und hier sind imaginative Methoden von großer Bedeutung, um Kinder oder erwachsene Menschen von ihren Auswirkungen zu befreien. Bei Kindern werden gute Ergebnisse mit einer Maltherapie erreicht. Die Kinder malen den quälenden Traum auf und suchen dann selbst nach einer Lösung, wie sie mit bedrohlichen Monstern, Geistern oder Vulkanen umgehen können. Ein zehnjähriges Mädchen könnte beispielsweise dem bösen Wolf ein Schloss um das Maul legen und ihn in einen Käfig verbannen. Da sich unser Unterbewusstsein nachts mit den Themen auseinandersetzt, die uns tagsüber beschäftigt haben, und diese Themen unbewusst im Schlaf weiterverarbeitet werden, werden auch die gezeichneten Lösungen in den Traum integriert und führen bei Kindern zu einer deutlich besseren Schlafqualität (Renz 2006).

Erwachsene Menschen, die unter Albträumen leiden, lernen mit der Methode des luziden Träumens den Inhalt des schrecklichen Traums bewusst zu verändern. Sie notieren dessen Inhalt, erfinden ein besseres Ende, schreiben es auf und stellen sich diese neue Lösung zwei Wochen lang vor dem Schlafengehen vor. Somit wird die betroffene Person quasi zum Regisseur ihrer Träume – und das Wissen darum, die Träume beeinflussen zu können, verringert die Angst vor dem Einschlafen.

Während dieses Phänomen noch bis vor Kurzem als esoterischer Humbug abgetan wurde, existieren heute Studien, die die Wirksamkeit dieser imaginativen Methode belegen, da die Betroffenen mit ihrer Hilfe die Anzahl der Albträume deutlich verringern konnten. Darüber hinaus verbesserte sich ihre Schlafqualität erheblich (Renz 2006).

2.2 Die Vorstellungskraft für positive Veränderungen nutzen

Im Kontext von Therapie und Heilung werden imaginative Verfahren schon seit Jahrtausenden genutzt, wie beispielsweise bei schamanischen Heilungsritualen (Achterberg 1990). Aber auch moderne psychotherapeutische Verfahren nutzen die Vorstellungskraft des Menschen und imaginative Verfahren für positive Veränderungen. Dabei hatte die Anwendung der Aktiven Imagination nach C.G. Jung einen zentralen Einfluss, denn hier geht es darum, die eigene Kontrollfähigkeit gegenüber unseren inneren Bildern zu erhöhen, sodass wir negativen, belastenden inneren Bildern nicht weiter ausgeliefert sind (Kast 2003).

Imaginative Methoden spielen heute auch bei der Heilung körperlicher Erkrankungen, wie beispielsweise Krebserkrankungen, eine entscheidende Rolle. Besonders bekannt geworden sind in diesem Zusammenhang die Arbeiten von Carl Simonton, einem Arzt und Leiter eines Krebsforschungszentrums in den USA. Simonton ging der Frage nach, was Menschen im Falle einer Krebserkrankung tun können, um ihre Selbstheilungskräfte zu stärken. Er entwickelte eine Methode, die im Wesentlichen aus Visualisierungstechniken besteht, die insbesondere positive psychische und physische Veränderungen herbeiführen und so einen Heilungsprozess maßgeblich unterstützen.

Auch hier kommt es auf die Art der inneren Bilder und auf deren Beschaffenheit an. Wenn Menschen große Angst vor dieser Krankheit entwickeln, stellen sie sich die Krebszellen oder den Tumor als sehr große, starke und mächtige Symbole vor, beispielsweise als riesige Steine, Raubtiere oder Ratten, gegen die Medikamente nicht viel ausrichten können. Darin kommt der Zweifel zum Ausdruck, ob der eigene Körper in der Lage ist, sich gegen den Krebs zu wehren. Im Gegensatz dazu werden zur Unterstützung und Begleitung der Behandlung Vorstellungsbilder entwickelt, durch die der Krebs als etwas Neutrales, Schwaches und Untergeordnetes imaginiert wird, wobei sowohl die Art des Symbols als auch die Farben eine Rolle spielen (Simonton u.a. 2006, S. 198 ff.).

Auch in der Verhaltenstherapie haben Imaginationen einen wichtigen Stellenwert. Hier wird die Vorstellungskraft der Klienten gezielt entwickelt und eingesetzt, um Verhaltensweisen und Fähigkeiten in eine gewünschte Richtung zu verändern (Lazarus 2006).

Darüber hinaus werden imaginative Methoden auch in der Bearbeitung von Traumafolgen eingesetzt. Die Vorstellungskraft der Klienten oder der imaginative Raum werden in der therapeutischen Arbeit in erster Linie dazu genutzt, um Ressourcen und Kraftquellen für die Betroffenen zu erschließen. Somit wird bewusst ein positives Gegengewicht zu diesen belastenden und schrecklichen Erfahrungen geschaffen (Reddemann 2005).

2.3. Imagination und Trance

Wenn wir imaginieren, richten wir unsere Aufmerksamkeit nach innen; dies kann durch unbewusst auftauchende Bilder geschehen oder auch durch bewusst erzeugte Bilder. Wir fokussieren unsere Aufmerksamkeit, wobei wir weniger unsere Sprache in ihrer digitalen, strukturierten Form benutzen. Vielmehr richtet sich unsere Aufmerksamkeit auf etwas fließend Bildhaftes. Selbst wenn es bei Imaginationen in erster Linie um bildhafte Wahrnehmungsprozesse geht, die unseren visuellen Sinneskanal betreffen, können sie ebenfalls von anderen Sinneswahrnehmungen begleitet sein. Das heißt, die Bilder können mit einem Geräusch, Gefühl, Geruch oder Geschmack verbunden sein. Insofern finden Imaginationen in einem Trance-Zustand statt.

Es gibt viele althergebrachte Vorurteile und Mythen über „Trance" und „Hypnose" und über das, was dort geschieht. Diese werden nicht zuletzt genährt von verzerrenden Darstellungen in Bühnenhypnose-Shows, bei denen in Form von sehr autoritär aufgebauten Ritualen angeblich spektakuläre Phänomene sensationsheischend dargestellt werden. Solche Darbietungen lassen ein Bild entstehen, in dem manipulative Hypnotiseure willenlose und passive Personen durch Unterwerfungsrituale zu irgendwelchen merkwürdigen Handlungen veranlassen (Schmidt 2005b, S. 2). Mit einem seriösen und zeitgemäßen Verständnis hypnotherapeutischer Methoden hat dies freilich nichts zu tun.

Ein professionelles Verständnis hypnotherapeutischer Arbeit – im Sinne Milton Ericksons, dem Begründer moderner hypnotherapeutischer Konzepte – meint etwas ganz anderes: Durch die Arbeit mit Trance-Induktionen werden Menschen unterstützt, Bewusstseinszustände, die mit Leid und Problemen verknüpft sind, intensiv zu verändern und andere Bewusstseinszustände zu entwickeln, die zu Lösungen führen. Milton Erickson steht als bekannter Vertreter für diese Sichtweise, und er erweiterte die Möglichkeiten der zieldienlichen Beeinflussung von Bewusstseinszuständen um sehr kreative Möglichkeiten. So baute er seine Trance-Induktionen in die ganz normale Gesprächsführung ein. Mithilfe spezieller hypnotischer Sprachmuster, die in einen üblichen Konversationsstil eingebettet sind, wird jemand zu einem Trance-Erleben eingeladen. So entstand der Begriff der „Konversations-Trance".

Nach diesem zeitgemäßen und professionellen Verständnis ist der Klient alles andere als passiv und willenlos – eine Vorstellung, die sich aufgrund moderner Erkenntnisse aus der Hirnforschung und auch der Systemtheorie ohnehin nicht halten lässt. Letztendlich kann man niemanden dazu bringen oder zwingen, ein Angebot von außen gegen den eigenen Willen anzunehmen und umzusetzen (Schmidt 2005b, S. 2).

2.3.1 Trance – ein alltägliches Phänomen

Trance kann beides sein: ein bewusst erzeugter Zustand oder ein ganz alltägliches Phänomen. Im Folgenden finden Sie einige Merkmale für ein professionelles Trance-Verständnis (Schmidt 2005b, S. 2):

➤ Der **Begriff Hypnose** meint alle Kommunikationsprozesse, die in einem rituellen Rahmen eingesetzt werden, um bestimmte Erlebnis- und Bewusstseinszustände anzuregen. Die Bewusstseinszustände selbst werden dann als Trance bezeichnet. Der Begriff Trance beschreibt somit das gewünschte Ergebnis, während Hypnose als der Weg dorthin beschrieben wird.

➤ Die hohe **Effektivität und Wirksamkeit** hypnotischer Verfahren gilt heute als belegt, denn es gibt kaum ein therapeutisches Verfahren, das so systematisch auf seine Wirksamkeit hin untersucht wurde (vgl. Revenstorf 2003).

➤ Ein Trance-Zustand geht mit folgenden **Erlebnisphänomenen** einher: Die Aufmerksamkeit ist nach innen gerichtet und das Erlebte, wie beispielsweise eine Erinnerung, wird sehr viel plastischer und intensiver wahrgenommen als im Wachzustand. Die Fähigkeit zu plastisch bildhaftem und imaginativem Erleben ist deutlich verstärkt. Es gibt eine verzerrte Zeitwahrnehmung, was bedeutet, dass etwas als wesentlich länger oder kürzer erlebt wird, als es nach der Uhr gemessen der Fall ist. Darüber hinaus kommt es zu einer Reihe physiologischer Veränderungen, wie zum Beispiel der Verringerung des Schmerzempfindens, der Veränderung des Blutdrucks und der Hirnwellen. Die Verringerung des Schmerzempfindens spielt unter anderem bei zahnärztlichen Behandlungen unter Hypnose eine wichtige Rolle (Schmidt 2005b, S. 3).

➤ Im Trance-Zustand wird das gesamte Erleben – mehr als im üblichen Wachbewusstsein – auf eine **autonome Selbstregulation** umgestellt. Das analytische, ordnende und strukturierende Denken tritt in den Hintergrund, das Denken insgesamt wird lockerer, fließender und bildhafter. Die betreffende Person erlebt dies so, als ob sie es gar nicht selbst täte; alles geschieht unwillkürlich und wie von selbst. Das gilt sowohl für ein Problem, gegen das wir uns zunächst machtlos fühlen und das sich dann wie von selbst löst, als auch für eine besondere Fähigkeit und Kompetenz. Denn wenn wir etwas besonders gut können, haben wir das Gefühl, dass es wie von selbst geht. Darauf deuten z.B. die folgenden Redewendungen hin: „Jemand macht etwas mit links" oder „Man kann etwas im Schlaf". Auch Milton Erickson hat immer wieder darauf hingewiesen, dass die Aufmerksamkeit auf wenige innere Wirklichkeiten beschränkt wird. Trance und imaginatives Erleben sind somit aktive Prozesse unbewussten Lernens.

➤ Trance geht immer mit einer bestimmten Aufmerksamkeitsfokussierung einher. *„Während Sie jetzt dieses Buch in der Hand halten, diesen Text lesen und sich Ihre eigenen Gedanken zu diesem Thema machen, werden Sie andere Dinge vielleicht nicht so genau wahrnehmen. Wenn Sie Ihre Aufmerksamkeit jedoch in eine andere Richtung lenken und die folgenden Zeilen lesen, dann können Sie spüren, wie sich die Kleidung auf Ihrer Haut anfühlt, Sie merken, wie sich die Sie umgebende Temperatur der Luft anfühlt und Sie können die Lehne des Sitzmöbels spüren, auf dem Sie gerade sitzen. Sie können auch wahrnehmen, wie sich die Uhr an Ihrem Handgelenk oder der Ring an Ihrem Finger anfühlt …“*

Indem wir unsere Aufmerksamkeit auf etwas anderes lenken, nehmen wir diese Dinge bewusst wahr. Das bedeutet, Aufmerksamkeitsfokussierung und Trance muss man nicht erlernen, sondern jeder Mensch praktiziert sie täglich. Ständig versetzen wir uns selbst in Trance, was meistens jedoch unbewusst geschieht. Ein tranceartiges Erleben findet bei Tagträumereien statt und auch das sogenannte Flow-Erleben, bei dem wir ganz in einer bestimmten Tätigkeit aufgehen, ist ein Trance-Erleben. Auf dem Hintergrund der Idee der Aufmerksamkeitsfokussierung wird deutlich, worin die Krux der Problemorientierung liegt: Wenn wir unsere Aufmerksamkeit auf das Problem lenken, entsteht eine „Problem-Trance“. Durch diese wiederum werden die entsprechenden neuronalen Muster aktiviert und verstärkt, was das Problem verstärkt und problemstabilisierend wirkt; es entsteht ein Problemkreislauf.

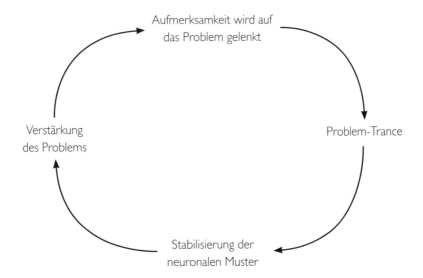

Abb. 1: Problemkreislauf

2.3.2 Die Macht des Unbewussten

Menschliches Denken und Handeln wird zu einem großen Teil von unbewussten Erlebnisprozessen bestimmt. Auch hier zeigen neue Erkenntnisse aus der Hirnforschung, wie bestimmend das Unterbewusstsein ist (Roth 2003). Das, was wir als bewusste Entscheidung wahrnehmen, ist das Ergebnis eines komplexen unbewussten Prozesses. Während unser Bewusstsein noch grübelnd über eine Entscheidung nachdenkt, hat unser Unterbewusstsein diese schon längst getroffen. Durch aufwendige Hirnstrommessverfahren kann heute gezeigt werden, dass das Bewusstsein dem Unterbewusstsein zeitlich deutlich hinterherhinkt, denn das Bewusstsein ist hauptsächlich damit beschäftigt, eine Entscheidung im Nachhinein logisch zu begründen.

Milton Erickson, der Begründer der Hypnotherapie, bezog das Unterbewusstsein gezielt in seine therapeutische Arbeit mit ein und sah darin eine riesige Schatzkammer, prall gefüllt mit Ressourcen und Fähigkeiten, die dem Bewusstsein aktuell nicht zur Verfügung stehen. Auch er hielt das Unterbewusstsein für machtvoller und kraftvoller als das Bewusstsein.

Für Probleme oder Symptome, die ein Mensch als leidverursachend erlebt, bedeutet dies, dass sich der betreffende Mensch bewusst ein anderes Erleben (Wohlbefinden oder

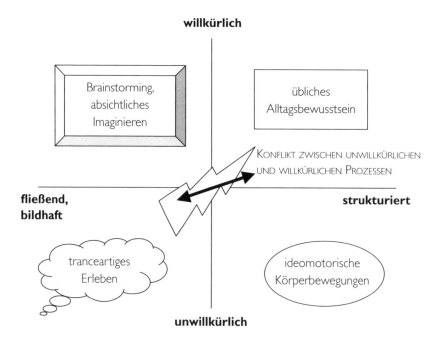

Abb. 2: Die Dynamik eines inneren Konflikts bei Symptomen (nach Schmidt 2005a, S. 49)

Glück) wünscht, das unbewusste Erleben aber gravierend davon abweicht. Dieses Erleben, wenn das bewusste Ich sich quasi als Opfer erlebt, da es diesen unwillkürlichen problemerzeugenden Prozessen ausgeliefert ist, wird als Problem-Trance bezeichnet. Die psychischen Prozesse laufen synchron ab und werden als Inkongruenzen erlebt.[2]

Für jede Form von Veränderung im Bereich von Therapie, Beratung oder Coaching ist es deshalb von großem Interesse, über Strategien zu verfügen, mit denen solche Ambivalenzen oder inneren Konflikte im Erleben konstruktiv aufgelöst und unbewusste Prozesse günstig und zieldienlich beeinflusst werden können. Imaginationen sind ein äußerst wirksames Mittel, um dies gewährleisten zu können (Schmidt 2005b, S. 1).

Eine Imagination ist also auch ein Prozess fokussierter Aufmerksamkeit. Wenn Imaginationen im Kontext von Beratung oder Coaching als Methode genutzt werden, begleitet und unterstützt der Coach den Klienten dabei, das Potenzial seiner Vorstellungskraft für die angestrebten Ziele zu nutzen und die oben beschriebenen Ambivalenzen konstruktiv aufzulösen.

---

2   Die Begriffe „bewusst/unbewusst" und „willkürlich/unwillkürlich" meinen etwas Unterschiedliches. Wenn jemand etwas unwillkürlich tut, bedeutet das, dass dies nicht vom Willen gesteuert ist und somit nicht intendiert ist. Dieses Verhalten kann der betreffenden Person aber durchaus bewusst sein, wie beispielsweise erröten. Alles, was unbewusst erlebt wird, ist auch unwillkürliches Erleben. Der Begriff Unbewusstes ist ein Oberbegriff, unter dem unwillkürliche Prozesse zusammengefasst werden können (Schmidt 2005b, S. 9).

2.4 Neurolinguistisches Programmieren und innere Bilder

Als die ersten Ansätze des Neurolinguistischen Programmierens vor mehr als 30 Jahren von John Grinder und Richard Bandler in den USA entwickelt wurden, erschien vieles wie ein Märchen oder Zauberei, denn Problemlösungen und Veränderungen sollten rasch und einfach möglich sein. Und die beiden Entwickler bemühten sich recht wenig darum, wissenschaftlich zu belegen, warum ihre Methoden funktionierten. Sie erklärten, dass sie Modelle und keine Theorien entwickelten und blieben dabei konsequent pragmatisch. „It works", betonten sie immer wieder und „Was ihr damit macht, ist eure Sache." Dies trug sicherlich zur konsequenten Ziel- und Lösungsorientierung des NLP bei.

Heute jedoch erfährt das NLP durch die Erkenntnisse der modernen Hirnforschung eine wissenschaftliche Untermauerung, denn viele Methoden und Techniken werden durch diese neuen Erkenntnisse auf eine andere Weise verstehbar und erklärbar. So lässt sich inzwischen neurobiologisch belegen und erklären, warum Anker-Techniken funktionieren, von denen es im NLP viele unterschiedliche gibt. Sie dienen dazu, einen schnellen und direkten Zugang zu den Ressourcen eines Menschen herzustellen, die für die gewünschte Veränderungsarbeit gebraucht werden. Dies geschieht, indem eine bestimmte Erfahrung mit einem bestimmten Sinnesreiz (Anker), etwa einem Bild oder einer Berührung, verknüpft wird.

Heute weiß man, dass Neurone, die gleichzeitig aktiv sind, Synapsen bilden und sich miteinander verbinden. In der neurowissenschaftlichen Sprache heißt es: „Neurons that fire together wire together." Wenn also beim Ankern ein bestimmter Zustand eines Klienten mit einem speziellen Reiz – einem Bild, einem Geräusch, einer Berührung, einem Geruch oder Geschmack – verknüpft wird, werden auch die entsprechenden Nervenzellen aktiviert. Weil sie gemeinsam aktiv sind, bilden sie Synapsen und verbinden sich. Diese, durch das Ankern neu geschaffenen neuronalen Verknüpfungen erklären, warum dann beim Auslösen dieses Reizes gleichzeitig der entsprechende Zustand ausgelöst wird (vgl. Krutiak 2006).

2.4.1 Die Vorbilder des NLP

Die Ursprünge des NLP liegen in sogenannten Modeling-Projekten, die das Lernen am Modell zur Grundlage hatten. Damals entdeckten Bandler und Grinder, dass es in ihrem Umfeld einige besonders geniale und begabte Therapeuten gab, die offensichtlich in ihrer Arbeit mit den Klienten zu deutlich besseren Ergebnissen kamen als andere. Dazu gehörten insbesondere Virginia Satir als „Grande Dame" der Familientherapie und Milton Erickson als Begründer der modernen Hypnotherapie. Die Arbeitsweise dieser beiden Therapeuten war besonders kreativ und innovativ und überzeugte durch herausragende Ergebnisse. Bandler und Grinder waren fasziniert von der Frage, was die beiden eigentlich im Vergleich zu anderen Therapeuten anders machten. Sie beobachteten Virginia Satir und Milton Erickson bei der Arbeit mit ihren Klienten, zeichneten unzählige Interaktionen mit dem Tonbandgerät oder mit der Videokamera auf und analysierten mit aufwendigen Verfahren, wie beide kommunizierten, welche Art von Sprache sie verwendeten und vor allen Dingen auch, wie sie nonverbal agierten. Auf der Grundlage dieser Analyse wurden die ersten Methoden und Techniken des NLP entwickelt, denn Bandler und Grinder filterten so eine Reihe spezieller Sprachmuster heraus, die das Vorgehen der beiden ausmachten. Sie erkannten auch bestimmte Grundhaltungen oder Prinzipien, die für Satir und Erickson handlungsleitend waren: Das Neurolinguistische Programmieren war geboren und wurde mit den Jahren immer weiter entwickelt und ergänzt.[3]

2.4.2 Unsere fünf Sinne – die Pforten der Wahrnehmung

Unsere fünf Sinne (Sehen, Hören, Fühlen, Riechen und Schmecken) haben im NLP schon immer eine große Rolle gespielt und sie sind auch für die Arbeit mit inneren Bildern von großer Bedeutung. Die Sinneskanäle sind die Pforten der Wahrnehmung, denn alle Informationen, die wir aus unserer Umwelt aufnehmen, nehmen wir über unsere fünf Sinne auf und bilden daraus unser Modell von der Welt oder unsere innere Landkarte. Allerdings nehmen wir viel mehr Informationen auf, als wir bewusst verarbeiten können, und unser Gehirn trifft die Auswahl, welche Informationen wir bewusst aufnehmen und welche nicht.

Wir benutzen unsere fünf Sinne aber nicht nur, um die Welt da draußen wahrzunehmen, sondern auch, um diese Erfahrungen im Gehirn abzuspeichern, zu codieren und neu zu ordnen, also zu „repräsentieren". Wir benutzen unsere Sinne ebenfalls für die innere Organisation unserer Gedanken. Während Sie die Seite in diesem Buch lesen (externe Wahrnehmung), hören Sie vielleicht Ihre innere Stimme, die die einzelnen Sätze spricht (interne Wahrnehmung). Während Sie eine Landschaftsbeschreibung in

---

3　Dies ist natürlich eine sehr verkürzte Darstellung der Anfänge des NLP. Eine ausführliche und wissenschaftlich fundierte Darstellung finden Sie in dem Buch „Abenteuer Kommunikation" von Wolfgang Walker, das ich sehr empfehlenswert finde. In dem Buch „The wild days of NLP" von Terrence McClendon werden die Anfänge des NLP auf eine sehr amüsante und unterhaltsame Art und Weise dargestellt. Auch dieses Buch finde ich sehr empfehlenswert.

einem Reiseführer lesen (externe Wahrnehmung), tauchen vor Ihrem inneren Auge Bilder von dieser Landschaft auf (interne Wahrnehmung).

Für die Verarbeitung dieser Informationen sind die Repräsentationssysteme ganz entscheidend, denn sie spielen bei jedem Denkprozess – z.B. Erinnern, Ideenentwicklung oder Zukunftsplanung – eine wichtige Rolle. Die Repräsentationssysteme visuell, auditiv und kinästhetisch sind die wichtigsten Bausteine unserer Gedanken und auch unserer mentalen Strategien.

Während ein Mensch zu einer Entscheidung kommt, könnte er folgende mentale Strategie benutzen: Ein Arbeitskollege schildert ihm ein aktuelles Problem und bittet ihn um Unterstützung (externe Wahrnehmung). Er sieht vor seinem inneren Auge verschiedene Möglichkeiten einer Problemlösung (interne Wahrnehmung), hört, wie seine innere Stimme diese verschiedenen Möglichkeiten bewertet (interne Wahrnehmung). Er entwickelt zu einer dieser Möglichkeiten ein gutes Gefühl (interne Wahrnehmung) und zu guter Letzt hört er seine eigene Stimme sagen: „Die dritte Möglichkeit ist die beste."

2.4.3 Der Unterschied, der einen Unterschied macht – die Submodalitäten

In Bezug auf die Repräsentationssysteme gibt es noch eine sehr wichtige Unterscheidung: die Submodalitäten. Submodalitäten sind eine feinere Unterscheidung innerhalb der einzelnen Sinneswahrnehmungen. Mithilfe dieser Merkmale unterscheidet unser Gehirn zwischen einzelnen Sinneseindrücken und Erlebnissen. Woran können Sie erkennen, ob Sie ein Bild attraktiv oder langweilig finden? Wie können Sie unterscheiden, ob Sie etwas sehr stark glauben oder überhaupt nicht glauben? Im Coaching ist es wichtig zu wissen, wie der Klient bestimmte Erfahrungen wie beispielsweise die Einstellung „Diese Situation macht mich hilflos" kodiert hat, um sie positiv verändern zu können.

Auch die Sprache gibt uns Hinweise darauf, welche Submodalitäten gerade im Vordergrund stehen. Die Aussage „Ich brauche einfach mehr Abstand" deutet darauf hin, dass die inneren Bilder der betroffenen Person einfach zu nah sind und dass eine hilfreiche Intervention sein könnte, den Abstand zu diesen Bildern zu vergrößern.

Nicht nur die Sprache, sondern auch Gesten sagen etwas über Submodalitäten aus. Sehr große innere Bilder werden häufig mit großen oder ausladenden Gesten angezeigt, und wenn einem etwas sehr nahe geht, wird das häufig durch Gesten unterstützt, die nah am Körper sind.

Das, was Menschen besonders wichtig ist – ihre Werte –, ist auch in der inneren Repräsentation mit Submodalitäten verknüpft. Sie sprechen dann von „besonders hohen Werten", dass „etwas tief berührt" oder dass „etwas sehr nahe geht" (Stahl 1993).

Submodalitäten haben somit einen entscheidenden Einfluss darauf, wie Menschen ihre Erfahrungen bewerten und interpretieren. Für die Arbeit mit imaginativen Methoden sind natürlich visuelle Submodalitäten besonders interessant, wie beispielsweise die folgenden:

➤ Ist es ein Film oder ein Standbild?

➤ Ist es ein Dia oder ein Foto?

➤ Ist es durch einen Rahmen abgegrenzt oder ist es panoramaartig?

➤ Ist es farbig oder schwarz-weiß?

➤ Sind die Farben kräftig oder eher zart?

➤ Ist das Bild klar oder verschwommen?

➤ Ist das Bild hell oder dunkel?

➤ Ist es still oder bewegt?

➤ Wie weit ist das Bild entfernt?

➤ Wo im Gesichtsfeld wird das Bild gesehen? Wie ist die Perspektive?

➤ Sieht der Klient sich selbst auf dem Bild (dissoziiert) oder schaut er durch seine eigenen Augen (assoziiert)?

Repräsentationssystem	Sinneswahrnehmung	beispielhafte Submodalitäten
visueller Kanal	Sehen	hell oder dunkel?
auditiver Kanal	Hören	laut oder leise?
kinästhetischer Kanal	Fühlen	leicht oder schwer?
olfaktorischer Kanal	Riechen	blumig oder holzig?
gustatorischer Kanal	Schmecken	süß oder sauer?

Abb. 3: Repräsentationssysteme

Das R.O.L.E.-Modell

Robert Dilts (1994, S. 387–391) hat hierzu ein Modell entwickelt, das R.O.L.E.-Modell. Es bietet eine sehr gute Darstellung dessen, was bei Denkprozessen in unserem Kopf passiert und setzt sich aus den folgenden Elementen zusammen:

R (Representional Systems)	=	Repräsentationssysteme
O (Orientation)	=	Orientierung
L (Links)	=	Verbindungen
E (Effects)	=	Effekte

Die Repräsentationssysteme steuern unsere fünf Sinne:

visuell	=	sehen
auditiv	=	hören
kinästhetisch	=	fühlen
olfaktorisch	=	riechen
gustatorisch	=	schmecken

Repräsentationssysteme

Mithilfe der **Repräsentationssysteme** verarbeitet unser Gehirn die Informationen, die wir aufnehmen. Aus der Sicht des NLP ist jeder Gedankenschritt oder jeder Schritt in einem mentalen Programm die Reaktivierung einer sensorischen Erfahrung. „Denken" ist demnach ein Kombinieren und Ordnen mentaler Bilder, Geräusche und Gefühle. Unabhängig davon, ob es sich bei diesem Denkprozess um Entscheidungen, Erinnerungen, kreative Leistungen, Motivation, Lernen oder innere Überzeugungen handelt, spielen sensorische Erfahrungen in jedem Fall eine Rolle.

Menschen haben unterschiedlich stark ausgeprägte Präferenzen, was die Verwendung der einzelnen Repräsentationssysteme betrifft. Manchen Menschen fällt es sehr leicht zu visualisieren und innere Bilder für Problemlösungen zu nutzen (visuell), während bei anderen der innere Dialog oder die innere Stimme eher für eine Problemlösung genutzt wird (auditiv). Andere probieren lieber etwas aus und entscheiden dann nach Gefühl (kinästhetisch). Auch sind einige Aufgaben aus sich heraus eher visuell und erfordern visuelle Fähigkeiten, wie beispielsweise Malen oder Korrekturlesen. Andere Aufgaben sind eher mit anderen Sinnen verbunden, wie beispielsweise Musikmachen (auditiv) oder handwerkliche Tätigkeiten (kinästhetisch). Unsere Sprache ist im Rahmen des NLP ein eigenes Repräsentationssystem.

Submodalitäten

Zu den Repräsentationssystemen gehören, wie oben beschrieben, die **Submodalitäten**. Aus der Sicht des NLP sind nicht die Sinneseindrücke selbst das Wichtigste, sondern deren Qualität. So basieren viele NLP-Techniken darauf, dass der Klient gezielt dabei unterstützt wird, die Submodalitäten seiner inneren Repräsentation zu verändern, um damit seine Erfahrungen und seine Reaktionen zu verändern.

Hier eine Übersicht über die wichtigsten Submodalitäten:

visuell	auditiv	kinästhetisch
HELLIGKEIT dunkel – hell	LAUTSTÄRKE laut – leise	INTENSITÄT stark – schwach
GRÖßE groß – klein	TON tief – hoch	FLÄCHE groß – klein
FARBE schwarz-weiß – farbig	TONLAGE hoch – tief	TEXTUR rau – weich
BEWEGUNG schnell – langsam – stillstehend	TEMPO schnell – langsam	DAUER konstant – intermittierend
ENTFERNUNG nah – fern	ENTFERNUNG nah – fern	TEMPERATUR heiß – kalt
FOKUS klar – verschwommen	RHYTHMUS	GEWICHT schwer – leicht
ORT	ORT	ORT

Abb. 4: Submodalitäten (nach Dilts 1994, S. 388)

Orientierung

Die **Orientierung** beschreibt drei Grundrichtungen, wie wir unsere Sinne gebrauchen. Wir können Informationen aus der Außenwelt aufnehmen (externale Wahrnehmung); wir können erinnerte Informationen abrufen, die unser Gehirn bereits aufgenommen hat (erinnerte, internale Wahrnehmung); und wir können neue Informationen konstruieren, die wir in dieser Form noch nicht wahrgenommen haben (konstruierte, innere Wahrnehmung).

Für die Arbeit mit Imaginationen im Coaching sind vor allen Dingen erinnerte und konstruierte Bilder wichtig und Informationen darüber, mit welchen anderen Sinneseindrücken (z.B. Gefühle oder Geräusche) diese Bilder verknüpft sind.

Verbindungen

Ein weiterer wichtiger Aspekt bei unseren Denkprozessen sind die **Verbindungen** der einzelnen sensorischen Schritte, das heißt die Art und Weise, wie diese miteinander verknüpft sind. Die einzelnen sensorischen Schritte können nacheinander stattfinden oder gleichzeitig.

Wir können Informationen durch einen Sinneskanal aufnehmen und sie durch einen anderen repräsentieren. Wenn wir das Wort „Hund" hören, so ist das eine auditive Information, ein gesprochenes Wort, das wir über den auditiven Sinneskanal aufnehmen. Dieses Wort als Reiz wird uns dazu veranlassen, eine geistige Reaktion zu aktivieren. So könnten wir beispielsweise das erinnerte Bild eines Hundes vor unserem inneren Auge sehen. Diese beiden sensorischen Schritte finden dann nacheinander statt.

Bei gleichzeitig stattfindenden sensorischen Schritten werden zwei Erfahrungen so überlagert, dass es schwierig ist, diese voneinander zu unterscheiden, wodurch es zu einer Überschneidung kommt.

Viele Menschen erleben eine „Hör-Fühl-Überschneidung", wenn sie eine bestimmte Musik hören. Einige Musikstücke lösen sogar sehr starke emotionale Reaktionen wie eine Gänsehaut oder Tränen aus. Eine musikpsychologische Studie zeigt, dass unser Gehirn uns beim bloßen Hören von Musik direkt aufs Mitsingen, Mittanzen oder Mitklatschen vorbereitet. Unsere Spiegelneurone sind äußerst aktiv, denn wir brauchen die musizierende Person nicht einmal zu sehen, um ihre Bewegungen in unserem Gehirn nachzuvollziehen. Eine Untersuchung mit Pianisten, die einem schwierigen Musikstück zuhörten, ergab, dass in ihren Gehirnen die Nervenzellen aktiv waren, die sie beim Bewegen der Finger auf der Tastatur gebraucht hätten (Otto 2006).

Ebenso gibt es „Seh-Fühl-Überschneidungen". Manche Tänzer erleben Bewegungen, die sie bei einem Kollegen beobachten, körperlich mit; wieder sind die Spiegelneurone aktiv.

Überschneidungen, auch Synästhesien genannt, spielen bei unseren Denkprozessen eine wichtige Rolle. So sind z.B. Farben eng mit Emotionen und Stimmungen verknüpft: Rot wird mir Ärger oder Wut assoziiert, Blau mit Ruhe. Synästhesien treten ganz automatisch und unbewusst auf und sind häufig mit besonders gut ausgebildeten Fähigkeiten auf der Ebene der unbewussten Kompetenz verbunden. Wenn wir etwas gut können oder wenn etwas wie von selbst geht, sind häufig Synästhesien mit im Spiel.

Effekt

Die Zusammensetzung der einzelnen Bausteine und Verbindungen hat einen starken Einfluss auf den **Effekt** oder die Wirkung einer Strategie und damit letztendlich auf das Ergebnis eines Denkprozesses. Da Denkprozesse oder mentale Strategien unbewusst ablaufen, kommen wir aufgrund des Ergebnisses zu dem Schluss, dass wir etwas gut können oder auch nicht. Wenn wir meinen, etwas nicht gut zu können, bildet sich aus dieser Meinung in unserer Landkarte oft ein fest gefügter Glaubenssatz.

Im NLP geht man davon aus, dass man die bisher benutzte mentale Strategie erkunden und verändern und somit zu anderen Ergebnissen kommen kann. Besonders deutlich wird dies am Beispiel der Rechtschreibfähigkeiten. Die meisten Menschen, die Probleme mit der Rechtschreibung haben, versuchen aus dem Klang herauszuhören, wie ein Wort geschrieben wird. Das heißt, sie benutzen eine überwiegend auditive Strategie. Dies ist gewiss ein schwieriges Unterfangen, denn nur am Klang lässt sich nicht erkennen, dass z.B. die Wörter „Stadt" und „statt" unterschiedlich geschrieben werden.

Menschen, die Rechtschreibung gut beherrschen, benutzen jedoch auch ihren visuellen Sinneskanal. Sie schauen nach oben, wenn sie buchstabieren und visualisieren das Wort, um dann mit ihrem Gefühl zu überprüfen, ob es richtig ist. So wurden NLP-Methoden entwickelt, die es Menschen ermöglichen, ihre auditive und in diesem Fall wenig erfolgreiche Strategie durch die visuellen Elemente zu ergänzen und somit ihre Rechtschreibfähigkeiten zu verbessern.

Das NLP beinhaltet eine Fülle von Methoden und Techniken für die Veränderungsarbeit, die auf der Arbeit mit inneren Bildern basieren. Eine Besonderheit dieser imaginativen Methoden des NLP besteht darin, dass der Inhalt der inneren Bilder eine untergeordnete Rolle spielt, während die entscheidende Veränderung im Erleben des Klienten durch eine Veränderung der Submodalitäten erzielt wird. Da die Submodalitäten einer Sinneswahrnehmung, beispielsweise eines Bildes, einen entscheidenden Einfluss auf die Bewertung dieses Bildes und damit auf das damit verbundene Gefühl haben, führt eine Veränderung der Bildqualität auch zu einer anderen Bewertung und zu einem anderen

Erleben. So sind sehr große, farbige und bewegte Bilder beispielsweise eher mit einer starken emotionalen Reaktion verbunden als sehr kleine, schwarz-weiße Bilder.

Dieses Phänomen wird deutlich, indem wir uns bewusst machen, welche Auswirkungen es auf die emotionale Resonanz hat, ob wir uns einen Thriller im Kino oder auf einem kleinen Fernsehgerät anschauen. Im Kino sind die Bilder auf der riesigen Leinwand viel größer und der Ton umgibt uns in Dolby-Surround-Qualität, während der Film, den wir uns im Fernsehen anschauen, aus viel kleineren Bildern besteht und möglicherweise noch durch Werbung unterbrochen wird. Beim Kinofilm ist unsere emotionale Resonanz viel stärker.

2.4.4 Auf die Perspektive kommt es an

Es lassen sich zwei grundsätzlich unterschiedliche Wahrnehmungspositionen unterscheiden, die wir beim Imaginieren einnehmen können: zum einen die Assoziation und zum anderen die Dissoziation. Wenn man etwas assoziiert erlebt, erlebt man eine Situation aus der Vergangenheit oder ein zukünftiges Ereignis mit allen Sinnen, so als würde es jetzt und hier stattfinden. Wenn ich mich beispielsweise an eine Situation am Strand aus meinem letzten Urlaub erinnere, dann begebe ich mich mental an diesen Strand. Ich kann mich dort umschauen, sehe das Meer und den Horizont direkt vor mir, höre das Rauschen der Wellen, fühle den Sand unter meinen Füßen und spüre den Wind auf meiner Haut. Ich bin in der Situation.

Wenn ich mich dissoziiert an diese Situation erinnere, bleibt sie inhaltlich die gleiche, die Qualität der Erinnerung ist aber eine andere. Dann nämlich sehe ich die Strandszene als Bild vor meinem inneren Auge. Ich kann mich selbst auf diesem Bild sehen, wie ich dort am Strand entlanglaufe.

Bei einer angenehmen Erinnerung macht es natürlich überhaupt nichts aus, die jeweilige Situation durch die assoziierte Wahrnehmung wiederzuerleben; im Gegenteil, es kann sehr vergnüglich und entspannend sein, mental einen Mini-Urlaub am Strand zu verbringen. Anders ist das bei Erinnerungen an unangenehme oder besonders stressreiche Situationen, wie beispielsweise einem Zahnarztbesuch. Da wäre eine assoziierte Erinnerung nicht besonders hilfreich oder nützlich.

Solche Wahrnehmungsprozesse laufen meist schnell und automatisch ab, sodass uns oft gar nicht bewusst ist, auf welche Weise wir positive oder negative Erfahrungen erinnern. Somit ist die Position, aus der heraus ich ein Ereignis wahrnehme, ein zentraler Wirkungsfaktor und damit auch die Submodalität Entfernung, die ich zu einem bestimmten

Ereignis entwickeln kann. Mir fällt dazu die Redewendung „Man kann den Wald vor lauter Bäumen nicht sehen" ein. Diese Redewendung beschreibt eine problematische Situation, bei der wir zu nah an einer Sache dran sind. Uns fehlt der Abstand, um das Ganze zu sehen, und wir haben uns zu sehr auf das Detail fixiert.

Auch in der Malerei spielt der gezielte Einsatz bestimmter Submodalitäten beim Erschaffen realer Bilder eine entscheidende Rolle. Der amerikanische Maler Mark Rothko veränderte das Wesen der abstrakten Malerei von Grund auf. Seine Vision von einer erneuerten Malerei zeigte sich in einer abstrakten Bildsprache, die auf einer aktiven Betrachter-Bild-Beziehung basierte. Er entwickelte die Farbfeldmalerei, bei der die emotionale Kraft der Farben im Mittelpunkt steht. Seine Bilder sind sehr großformatig und bestehen aus unterschiedlichen, sehr intensiv wirkenden Farbfeldern, die er immer wieder anders miteinander kombinierte.

Dass die riesigen Formate – wie zwei mal drei Meter – nicht zufällig gewählt waren, sondern dass er die Submodalität Bildgröße ganz bewusst einsetzte, zeigt die folgende Aussage Rothkos: „Ich male sehr große Bilder. Mir ist klar, dass historisch gesehen das Malen von großformatigen Bildern so viel bedeutet, wie etwas sehr Großartiges und Pompöses zu malen. Doch der Grund, warum ich sie male – und das trifft wohl auch auf andere Maler, die ich kenne, zu –, liegt genau darin, dass ich sehr intim und menschlich sein möchte. Ein kleines Bild zu malen, sich außerhalb des Erfahrungsbereiches zu stellen, bedeutet auf seine Erfahrungen von allen Seiten gleichzeitig wie mit einem Verkleinerungsglas hinunterzublicken. Wenn man ein großes Bild macht, ist man mittendrin. Man kann nicht darüber verfügen." (Baal-Teshuva 2003, S. 46)

Rothko meinte, der ideale Abstand zu seinen riesengroßen Bilder betrüge 45 cm. Durch diesen geringen Abstand wird der Betrachter in die Farbräume hineingezogen – er assoziiert sich mit dem Bild – und seine emotionale Resonanz auf dieses Bild ist viel stärker. Der gezielte Einsatz der visuellen Submodalitäten Größe und geringe Entfernung führt zu einem sehr emotionalen und sinnlichen Erleben des Betrachters.

Wenn man diese beiden unterschiedlichen Wahrnehmungspositionen und die damit verbundenen Submodalitäten im Blick behält, ergeben sich daraus viele unterstützende und entlastende Interventionsmöglichkeiten im Coaching, gerade wenn man sich mit Themen beschäftigt, die belastend oder mit einem hohen Stresspotenzial verbunden sind.[4]

---

4   In der Traumatherapie wird beispielsweise das gezielte Aufbauen einer Beobachterposition als eine zentrale und wichtige Intervention genutzt, um die Klienten zu stabilisieren.

2.4.5 Assoziiert und dissoziiert – die Perspektive wechseln

Hier einige Empfehlungen zu der Arbeit mit NLP-Imaginationen im Coaching:

➤ Belastende Bilder oder alle Bilder, die mit negativen Gefühlen verknüpft sind, sollten vom Klienten nur dissoziiert erinnert werden. Sie können den Klienten bei einer Dissoziation unterstützen, indem Sie ihn bitten, das Bild weiter wegzuschieben, es kleiner zu machen oder die Farbe zu reduzieren. Das senkt die emotionale Beteiligung, reduziert die unangenehmen Gefühle und vermindert somit den Stress.

➤ Im Gegensatz dazu können alle positiven Erinnerungen oder positiv konstruierte Bilder vom Klienten assoziiert wahrgenommen werden. Dies schafft einen direkten und unmittelbaren Zugang zu den Ressourcen des Klienten. Es ist aus meiner Sicht sehr wichtig, dass der Coach diese beiden Grundinterventionen sicher beherrscht; sonst können auch die besten imaginativen Methoden ihre Wirkung nicht entfalten.

➤ Sie können den Klienten dazu einladen, ein negatives Gefühl, wie beispielsweise Stress oder Druck, in ein Bild zu verwandeln. Auch das schafft zunächst Abstand und durch die Veränderung des Bildes lässt sich im nächsten Schritt das Gefühl verändern.

➤ Gehen Sie davon aus, dass der Klient bereits über alle Ressourcen verfügt, um seine Ziele zu erreichen. Das bedeutet, er verfügt ebenfalls über die entsprechenden (Lösungs-)Bilder, zu denen er jetzt möglicherweise noch keinen Zugang hat.

➤ Gehen Sie sparsam mit Ihren eigenen Interpretationen oder Bewertungen der Bilder um – diese werden ja in Ihrem eigenen Modell von der Welt geschaffen – und orientieren Sie sich vielmehr an der Physiologie und den verbalen Rückmeldungen des Klienten.

➤ Unterstützen Sie den Klienten bei der Imagination durch offene Fragen (z.B. *„Wie könnte in Ihrem Bild jetzt eine Verbesserung der Situation aussehen?"*) bei der Entwicklung von Lösungen.

➤ Achten Sie darauf, dass durch die Arbeit mit inneren Bildern beim Klienten kein zusätzlicher Leistungsdruck entsteht, indem sie kommunizieren, dass alle visuellen Eindrücke o.k. und richtig sind.

	positive Erfahrung	negative Erfahrung
assoziiert	RESSOURCEN-PHYSIOLOGIE <u>Intervention:</u> Diese Ressource kann für die Veränderungsarbeit direkt genutzt werden.	PROBLEM-PHYSIOLOGIE <u>Intervention:</u> Der Klient wird zu Dissoziation eingeladen.
dissoziiert	NEUTRALE BIS RESSOURCEN-PHYSIOLOGIE <u>Intervention:</u> Der Klient wird dazu eingeladen, sich mit der positiven Erfahrung zu assoziieren.	NEUTRALE BIS PROBLEM-PHYSIOLOGIE <u>Intervention:</u> Die dissoziierte negative Erfahrung wird mithilfe imaginativer Methoden verändert.

Abb. 5: Positives und negatives Erleben/assoziiert und dissoziiert

Das NLP bietet eine große Fülle imaginativer Methoden, die für die Veränderungsarbeit im Coaching sehr wertvoll sind und unter anderem dazu genutzt werden, um

➤ einen Abstand zu belastenden und unangenehmen Erfahrungen zu schaffen und damit für Entlastung zu sorgen (Dissoziationstechniken),

➤ neue Verhaltensweisen und Fähigkeiten zu entwickeln und zu stärken,

➤ das Lernen am Modell zu unterstützen,

➤ Visionen und Ziele zu entwickeln,

➤ unterstützende und kreative Bilder von der eigenen Identität zu entwickeln,

➤ einschränkende Überzeugungen zu verändern,

➤ neue, erwünschte und unterstützende Überzeugungen zu stärken,

➤ innere Konflikte und Ambivalenzen konstruktiv zu lösen,

➤ bestimmte Themen imaginativ aufzustellen und diese auf diesem Wege zu bearbeiten,

➤ die Kreativität zu stärken,

➤ den Transfer der Veränderungsarbeit durch Future Pace oder einen mentalen Ausflug in die Zukunft sicherzustellen.

2.5 Wenn innere Bilder laufen lernen –
Imaginationen und Wavivid-Coaching

„Wavivid"[5] ist eine innovative Coaching-Methode, die sich insbesondere zum raschen Stressabbau sowie zur Steigerung der Leistungsfähigkeit und der Kreativität eignet.

Emotionen haben einen ganz entscheidenden Einfluss auf unser Verhalten, unsere Lernprozesse und vor allen Dingen auf unsere Leistungsfähigkeit. Das gilt sowohl für positive Emotionen, wie Freude oder Lust, als auch für negative Emotionen, wie Angst oder Scham. Während positive Gefühle unsere Leistungsfähigkeit beflügeln und uns motivieren, führen negative Gefühle zu Demotivation und zu massiven Leistungsblockaden.

Alle Außenreize, die wir über unsere Sinneskanäle aufnehmen, werden zunächst vom limbischen System, dem Emotionszentrum im Gehirn, geprüft und emotional bewertet, bevor sie an den Cortex – den „denkenden" Teil unseres Gehirns – weitergeleitet werden. Das limbische System färbt die hereinkommenden Informationen emotional ein und wenig später erkennen wir, ob etwas wohltuend, neutral, bedrohlich, begeisternd oder zufriedenstellend ist. Bei dieser emotionalen Bewertung spielen alle visuellen Eindrücke – sowohl als Außenreize als auch als innere Bilder – eine herausragende Rolle, denn unsere emotionale Reaktion auf visuelle Eindrücke ist entwicklungsgeschichtlich betrachtet zweifelsfrei von entscheidender Bedeutung für unser Überleben.

Sehen ist ein sehr komplexer Vorgang. Wenn nun ein Mensch morgens beim Aufwachen die Augen öffnet, dann erfasst er mit einem einzigen Blick die Dinge in seiner Umgebung, sodass man glauben könnte, Sehen sei ein einfacher und verzögerungsfreier Prozess. Werden jedoch die Fotorezeptoren der Netzhaut erregt, dann gehen Signale durch den Sehnerv in die hinteren Regionen des Gehirns und werden dort in 30 verschiedenen visuellen Arealen des Gehirns analysiert. Wenn die entsprechende Person das Bild erkannt hat, wird die Nachricht an die Amygdala – die auch als Tor zum limbischen System bezeichnet wird – gesandt. Hier wird die emotionale Bedeutung des betrachteten Objekts bewertet. Ist es ein Fremder, der nicht von Interesse ist, oder der Chef, dem man Aufmerksamkeit schenken muss? Diese emotionale Bewertung läuft mit großer Zuverlässigkeit als Automatismus unterhalb der Schwelle des Bewusstseins ab (Ramachandran 2006, S. 21).

---

5 Wavivid-Coaching ist ein von Heidrun Vössing entwickeltes Coaching-Konzept, das eine Weiterentwicklung der Wingwave-Methode von Besser-Siegmund/Siegmund (2003) darstellt.

Aber nicht nur „reale" Bilder, die in der Außenwelt existieren, werden einer emotionalen Bewertung unterzogen, denn unser Gehirn kann nur sehr unvollständig zwischen inneren und äußeren Bildern unterscheiden. Auch innere Bilder werden emotional bewertet, was bedeutet, dass diese genauso bedrohlich oder Furcht einflößend sein können wie „reale" äußere Bilder. Hat jemand beispielsweise Angst vorm Fliegen, reicht es aus sich vorzustellen, er säße im Flugzeug. Das limbische System ist alarmiert und es entsteht das Gefühl der Angst.

Erleben wir solche oder ähnliche Situationen, die mit einer hohen Stressbelastung einhergehen und unser limbisches System in Alarmbereitschaft versetzen, dann hinterlässt das Spuren in unserem Nervensystem, denn die damit verbundenen Emotionen erstarren und werden durch ähnliche Erfahrungen immer wieder aktiviert.

Die Arbeit mit Wavivid-Coaching verfolgt zwei Ziele:

➤ Zum einen werden Leistungsblockaden, die sich in Form von negativen Emotionen wie Wut oder Angst manifestieren, überwunden, indem diese Emotionen aufgelöst oder zum „Abfließen" gebracht werden.

➤ Zum anderen werden erwünschte Leistungs- und Lernprozesse mit positiven Emotionen verknüpft und so mit Ressourcen angereichert.

In der alltäglichen Coaching-Praxis ist immer wieder festzustellen, dass sich Menschen in Führungspositionen und in anderen leistungsintensiven Berufen den unterschiedlichsten Stresssituationen aussetzen und dann unter dem alltäglichen Handlungsdruck nicht genügend Zeit haben, solche Ereignisse zu verarbeiten oder sich davon zu erholen. Dies können wichtige Gespräche oder Präsentationen sein, von denen sehr viel abhängt. Das können auch eskalierte Konflikte oder zwischenmenschliche Enttäuschungen sein. Und natürlich tragen anspruchsvolle Ziele und sehr unsichere oder ungewisse Situationen dazu bei, dass der Stresspegel steigt. Wenn solche Erfahrungen mit negativen und belastenden Emotionen verbunden und abgespeichert sind, ist es oft nicht ausreichend, diese Themen auf „kognitivem" Wege zu bearbeiten, weil sich so die Qualität des emotionalen Erlebens nicht verändern lässt. Hier kommt es vielmehr darauf an, mit Methoden zu arbeiten, die direkten Einfluss auf das limbische System – unser Emotionszentrum im Gehirn – nehmen. Gerade das ist mit der Wavivid-Methode möglich. Der Klient kommt schnell wieder in eine emotionale Balance, und auf dieser Basis lässt sich das entsprechende Thema viel leichter bearbeiten.

Im Wavivid-Coaching werden verschiedene methodische Ansätze miteinander kombiniert, wie beispielsweise induzierte Augenbewegungen, NLP, angewandte Kinesiologie und Elemente aus der Rational-Emotiven Therapie; die Kernintervention jedoch sind induzierte Augenbewegungen.

Ähnlich wie bei der EMDR-Methode[6], die zur Behandlung von posttraumatischem Stress entwickelt wurde, werden beim Klienten schnelle Augenbewegungen erzeugt. Der Coach „winkt" dabei vor den Augen des Klienten, während der Klient den Bewegungen der Finger folgt. Die dadurch entstehenden schnellen Augenbewegungen ähneln dem Hin- und Herrollen der Augen während der REM-Phasen, die wir im Schlaf erleben.

Während des Schlafes findet nicht nur eine körperliche Erholung und Regeneration statt, sondern wir verarbeiten dann auch die Erlebnisse des Tages. So werden während der REM-Phasen emotionale Erlebnisse verarbeitet. Das, was man heute als besonders ärgerlich erlebt, kann morgen schon anders aussehen, eben weil man eine Nacht darüber geschlafen hat. Gesunder erholsamer Schlaf ist wahrscheinlich die älteste Form der Stressbewältigung. Träumen ist ja mit einem besonders intensiven bildhaften Erleben verbunden und diese inneren Bilder tragen während des Traums natürlich zur Verarbeitung bei.

So lassen sich mithilfe der im Wachzustand induzierten schnellen Augenbewegungen besonders die inneren Bilder leicht und rasch verändern, die mit negativen Erfahrungen und Emotionen verknüpft sind.

2.5.1 Die Kernphasen der Wavivid-Intervention bei der Arbeit mit inneren Bildern

1. **Das Stress auslösende Problembild imaginieren:** Der Klient benennt und beschreibt, welches erinnerte Bild von einer bestimmten Situation er als besonders unangenehm erlebt. Diese Bilder tauchen oft wie von selbst auf und machen einen wichtigen Teil der negativen Erinnerung aus. Das kann eine ganz bestimmte Szene aus einer „misslungenen" Präsentation sein, wie beispielsweise den Faden zu verlieren. Ein solches Bild ist bei der Erinnerung an ein belastendes Erlebnis mit negativen Gefühlen verbunden.

---

6   Die EMDR-Methode wurde von der amerikanischen Psychotherapeutin Fracine Shapiro (2001) zur Behandlung von posttraumatischem Stress im klinischen Bereich entwickelt. EMDR gehört zu den effektivsten und am besten beforschten Methoden der Psychotherapie. Im berufsbezogenen Coaching geht es häufig um die Bearbeitung von Leistungsstress, hier wird WinLimbic-Coaching eingesetzt.

2. **Der Bodyscan:** Während dieser Phase spürt der Klient in sich hinein und nimmt wahr, wo genau er dieses Gefühl in seinem Körper spürt. Die Bestimmung dieser emotionalen Resonanz ist zusätzlich wichtig, weil sich das Gefühl nach jeder „Wink-Einheit" verändert und sie somit ein wichtiges Feedback während der Wavivid-Intervention darstellt.

3. **Das Erzeugen schneller Augenbewegungen:** Jetzt winkt der Coach vor den Augen des Klienten und erzeugt so die schnellen Augenbewegungen oder wachen REM-Phasen, während der Klient innerlich das Bild fokussiert.

   Nach dem Erzeugen der schnellen Augenbewegungen, was je nach Situation und persönlichem Erleben des Klienten einige Male hintereinander durchgeführt wird, kommt es zu sehr beeindruckenden Veränderungen. Das innere Erleben des Klienten in Bezug auf dieses ursprünglich belastende Thema und dessen emotionale Bewertung verändern sich sehr rasch. Die Effekte lassen sich so beschreiben: Scheinbar wird das limbische System und vor allen Dingen die Amygdala für die Zusammenarbeit gewonnen und davon „überzeugt", dass dieses Bild gar nicht so bedrohlich ist.

   Alle innerlich wahrgenommenen Sinneswahrnehmungen, die vorher so belastend waren, verändern sich Schritt für Schritt nach jeder „Wink-Einheit". Emotionen, die als Druck oder Verkrampfung erlebt wurden, lösen sich nach und nach auf und verschwinden letztendlich. Innere Bilder, die zunächst bedrohlich wirken, verändern nach und nach ihre Qualität und werden dann als neutral wahrgenommen. Das Gehirn nimmt, sich selbstorganisierend und angeregt durch die Impulse des Winkens, eine Veränderung der Submodalitäten vor.

Gerade für die Arbeit mit inneren Bildern im Coaching bietet die Wavivid-Methode eine enorme Bereicherung und ein großes Potenzial, weil sich die inneren Bilder durch die schnellen Augenbewegungen – oft in Sekundenschnelle – positiv verändern. Dies geschieht nicht etwa, indem der Coach inhaltliche Vorschläge zur Veränderung der Bilder oder – wie sonst im NLP üblich – Vorschläge zur Veränderung der Submodalitäten macht, sondern es passiert von ganz allein; oft zur positiven Überraschung der Klienten. Es läuft als unbewusster Prozess ab, immer in eine positive Richtung. Gerade starre oder fixierte Bilder, die das Problem repräsentieren, kommen wieder in Bewegung. Aus einzelnen bedrohlichen oder belastenden Standbildern werden kurze oder längere Filme, die in Form von neuen, anderen Bildern auch gleich die Lösung beinhalten. Es kommen neue Bilder hinzu, und das Gehirn entwickelt selbstorganisiert mehr Wahlmöglichkeiten. Es ist, als wäre in unserem Kopfkino eine neue Filmrolle eingelegt worden.

Während diese positive Veränderung der inneren Bilderwelt geschieht, verändern sich ebenfalls die negativen Emotionen, die mit diesen Bildern verknüpft sind, in eine positive Richtung, was sehr schnell entlastend und befreiend wirkt.

An dieser Stelle ist es noch wichtig zu betonen, dass Wavivid-Coaching kein Verfahren ist, das für sich alleine steht, sondern ergänzend zu einem anderen fundierten Ausbildungshintergrund wie beispielsweise NLP und anderen systemische Methoden, Gestalt- oder Hypnotherapie zu sehen ist. Erst dieser professionelle Hintergrund bildet den Rahmen, in den Wavivid-Coaching sinnvoll eingebunden werden kann.

3. Imaginationen
im Coaching

Imaginationen beinhalten für die praktische Arbeit im Coaching ein großes Potenzial, da sie über den Coaching-Dialog hinaus ein breites methodisches Spektrum bieten, von dem sowohl Klient als auch Coach profitieren können. Viele der Themen, die im Coaching eine große Rolle spielen, wie beispielsweise die Entwicklung neuer Perspektiven oder der Karriere, die Bewältigung von Krisen und der Umgang mit Stress, Konflikte mit Vorgesetzten, Mitarbeitern oder Kunden, die Balance zwischen Berufs- und Privatleben sowie die Vorbereitung auf wichtige Gespräche oder entscheidende Präsentationen, lassen sich sehr gut mithilfe der jeweils geeigneten Imaginationstechnik bearbeiten. Durch aktuelle neurobiologische Erkenntnisse wird vor allen Dingen eines deutlich: Die Arbeit mit inneren Bildern im Coaching hat den Vorteil, dass angestrebte Veränderungen durch das innere Sehen bereits im Nervensystem angebahnt und so neuronal verankert werden. Dies erleichtert und unterstützt die Umsetzung und Realisierung für den Klienten. Zudem bieten Imaginationen die Möglichkeit, einen anderen Sinneskanal als den auditiven gezielt zu nutzen und diese Ressource in die Lösungsfindung mit einzubeziehen.

Grundsätzlich gilt: Wenn es gelingt, das Problem in ein Bild zu verwandeln, dann ist das schon die halbe Lösung. Dabei lassen sich zwei Varianten für die Arbeit mit Imaginationen unterscheiden:

Mit Bildern des Klienten arbeiten

Zum einen kann man die inneren Bilder aufgreifen, bearbeiten und weiterentwickeln, die der Klient zum Coaching „mitbringt", im Gespräch andeutet und benennt. Das bedeutet, man bearbeitet gemeinsam mit dem Klienten dessen „Bildmaterial" und macht etwas für den Coaching-Prozess nutzbar, was eh schon vorhanden ist. Lenkt man während des Coaching-Gespräches seine Aufmerksamkeit auf die Bilder, die der Klient sprachlich übermittelt, bekommt man rasch einen Zugang zu der inneren Bilderwelt des Klienten, auch wenn diese ihm vielleicht gar nicht bewusst ist. Unsere Sprache ist voll von Metaphern und bildhaften Beschreibungen, und für bestimmte Situationen haben sich fast schon Standard-Metaphern etabliert, wie z.B. „ein Berg von Arbeit".

Hier einige beispielhafte Äußerungen, die Hinweise auf innere Bilder geben:
➤ von einer Arbeitswelle überrollt werden,
➤ wie ein Kaninchen auf die Schlange starren,
➤ eine tonnenschwere Last, die auf einem liegt,
➤ kein Licht am Ende des Tunnels sehen,
➤ wie mit einem Wassereimer auf der Titanic,

> ➤ wie ein Hamster im Laufrad,
> ➤ das bringt das Fass zum Überlaufen,
> ➤ eine Ideen-Quelle, die versiegt ist.

Solche Formulierungen lassen zum einen darauf schließen, dass derjenige, der sie benutzt, eine bildhafte Repräsentation im Kopf hat. Zum anderen regen sie den Zuhörer zur Produktion innerer Bilder an. Insofern liegt es nahe, diese Bilder im Coaching als „Pacing" aufzugreifen und lösungsorientiert mit ihnen weiterzuarbeiten.

Angeleitete Imaginationen

Eine andere Variante besteht darin, dem Klienten angeleitete Imaginationen mit einem bestimmten Setting, wie beispielsweise die Leinwand-Technik, vorzuschlagen. Diese Form des bewussten und gezielten Visualisierens wird auch als *Imagineering* bezeichnet, ein Begriff, den Walt Disney prägte zur Beschreibung des Prozesses, den er anwendete, um Träume und Ideen zu entwickeln und sie dann in die Realität umzusetzen (Dilts 2005, S. 109). Dieser Begriff setzt sich aus dem englischen Wort *image* für Bild und dem englischen Wort *engineering*, das sich mit Technik, Maschinenbau und Ingenieurwesen übersetzen lässt, zusammen. Diese Zusammensetzung macht deutlich, worum es beim *Imagineering* geht: um eine Kombination aus Vorstellung und Realisierung.

Gerade diese Variante ist für das Coaching sehr wertvoll, weil der Erfolg einer Coaching-Maßnahme sich u.a. daran misst, inwieweit der Klient seine Ziele erreicht und seine Vorhaben umsetzt.

IMAGINATIONSTECHNIKEN		
VISUALISIEREN	**EXTERNALISIEREN**	**IMAGINEERING**
Die Bearbeitung unwillkürlich auftauchender Bilder, wie beispielsweise sprachlich formulierte Metaphern.	Innere Bilder werden mithilfe von Gegenständen oder Symbolen real aufgestellt.	Bewusste und gezielt angeleitete Imaginationen im Rahmen eines bestimmten Settings, wie beispielsweise dem der Bildschirm-Technik.

Abb. 6: Imaginationstechniken

Im Bereich Sport-Coaching hat sich die Arbeit mit inneren Bildern bereits etabliert und bewährt. Hier werden Imaginationstechniken von Athleten und Sportpsychologen eingesetzt, um Fähigkeiten zu verfeinern und Leistungen zu verbessern. Im Rahmen einer Studie sollten Bodenturner einen neuen Übungsteil erlernen. Man teilte die Sportler in zwei Gruppen auf. Die Sportler der ersten Gruppe wurden aufgefordert und dazu angeleitet, sich vorzustellen, sie könnten diese speziellen Bewegungsabläufe bereits ausführen; die andere Gruppe erhielt keinerlei Anweisungen. Einige Wochen später führten die Sportler diese Übung tatsächlich aus. Die Gruppe, die die Übung vorher visualisiert hatte, erzielte deutlich bessere Ergebnisse, mit einer Erfolgsrate von 50–60 %. Im Gegensatz dazu lag die Erfolgsrate der Gruppe, die nicht visualisiert hatte, nur bei 10 %.

Zu ähnlichen Ergebnissen gelangte eine Studie mit Basketballspielern. Eine Gruppe übte die Korbwürfe physisch. Die Mitglieder der anderen Gruppe wurden aufgefordert, sich auf die Tribüne zu setzen und die Würfe zu visualisieren und sie sich im Geiste vorzustellen. Auch hier erzielte die Gruppe, die die Würfe visualisiert hatte, bessere Ergebnisse (Dilts 2005, S. 88).

Das innere Sehen und das damit verbundene mentale Vorwegnehmen einer Handlung beschleunigen und erleichtern also den Lernprozess, wenn es um das Erlernen neuer Fähigkeiten oder um die Steigerung der Leistung geht.

Die Arbeit mit Imaginationstechniken im Coaching verfolgt zwei Ziele:

➤ Zum einen geht es darum, mithilfe der jeweils geeigneten Imaginationstechnik gemeinsam mit dem Klienten Lösungen zu erarbeiten. Dies geschieht unmittelbar in einer Coaching-Einheit.

➤ Zum anderen wird angestrebt, dass der Klient seine Fähigkeit, eigenständig mit Imaginationen umzugehen – auch außerhalb des Coaching-Kontextes –, erweitert und verbessert. Das bedeutet, dass der Klient seine Fähigkeit zu visualisieren und zu imaginieren schult und trainiert, sodass er später – ohne den Coach – darauf zurückgreifen kann.

In den folgenden Kapiteln finden Sie zunächst einige Empfehlungen für die Arbeit mit Imaginationen im Coaching. Daran schließt sich eine Auswahl von Imaginationstechniken an, die für Coaching-Themen, aber auch für mentales Selbstmanagement wichtig sind. Die meisten dieser Techniken stammen aus dem großen methodischen Repertoire des NLP. Ich habe gezielt die Techniken ausgewählt, bei denen die Arbeit mit inneren Bildern und die Veränderung der Submodalitäten im Vordergrund stehen. Natürlich spielt auch die Wahrnehmung der Klienten auf anderen Sinneskanälen immer eine Rolle.

3.1 Imaginationstechniken – methodische Hinweise

Jede Imagination beginnt mit einer inneren Vorstellung, mit einem inneren Bild, das uns beschäftigt. Durch bewusstes Wahrnehmen und Fokussieren – wenn gleichzeitig die Wahrnehmung der Außenwelt ausgeblendet wird – kann dieses innere Bild verändert werden. Viele Menschen verstehen unter inneren Bildern etwas Fantastisches oder etwas Irreales, weil sie nicht in der äußeren Welt präsent sind. Wenn wir uns jedoch noch einmal die neuen neurobiologischen Erkenntnisse bewusst machen, dann wird deutlich, dass das nicht stimmt. Innere Bilder sind Körperreaktionen und körperlich manifestiert, denn sie werden vom Gehirn produziert und tragen gleichzeitig zu dessen Veränderung bei – durch die damit einhergehenden neuronalen Erregungsmuster.

Gerade für die Arbeit mit Imaginationen im Coaching ist es wichtig zu berücksichtigen, dass die Fähigkeit zu visualisieren bei Menschen unterschiedlich stark ausgeprägt ist. Jeder Mensch hat seine eigene Art, einen Gedanken zu entwickeln, und jeder Mensch bevorzugt unterschiedliche Repräsentationssysteme, was auch Präferenz genannt wird. Selbst wenn das Denken in Bildern nicht bei jedem Menschen wie von selbst funktioniert und jemand vielleicht eine eher auditive Präferenz hat, lässt sich das innere Sehen dennoch trainieren und üben – wie eine Sportart.

Tipps zur Vorbereitung auf die Arbeit mit Imaginationstechniken im Coaching:

➤ Meiner Erfahrung nach haben manche Klienten sehr hohe Ansprüche und strenge Maßstäbe an das Imaginieren und geraten vielleicht sogar unter Leistungsdruck, weil sie meinen, die inneren Bilder, die sie sehen, seien nicht richtig oder nicht großartig genug. Als Coach können Sie deutlich machen, dass es keine richtigen oder falschen Bilder gibt, sondern dass alle Bilder für den Prozess wichtig sind. Natürlich „dürfen" die Bilder auch unscharf oder verschwommen sein.

➤ „Imaginieren" oder „Visualisieren" klingen als Fachbegriffe eventuell ein wenig kompliziert und schrecken eher ab. Sie können andere Begriffe verwenden, die dem Klienten möglicherweise sympathischer und weniger Ehrfurcht einflößend erscheinen, wie beispielsweise „sich etwas vorstellen", „sich ein Bild machen", „träumen", „in Bildern denken" oder „mental ins Kino gehen".

➤ Sie können zur Einstimmung auf imaginative Verfahren mit dem Klienten ein kleines Trainingsprogramm absolvieren, indem sie ihn zunächst bitten zu beschreiben, wie seine Wohnung oder sein Arbeitsplatz aussehen. So bekommt der Klient Zugang zu seinen erinnerten Bildern, die er abruft, um Ihnen davon zu erzählen. Im nächsten

Schritt können Sie den Klienten bitten, etwas visuell zu konstruieren. Er könnte sich beispielsweise vorstellen, wie sein Auto oder ein bestimmtes Kleidungsstück in einer anderen Farbe aussehen würde.

➤ Die Entwickler des NLP haben herausgefunden, dass die innere Wahrnehmung von Bildern, Geräuschen und Gefühlen mit bestimmten äußerlich sichtbaren Verhaltensweisen einhergeht. Diese Verhaltensweisen unterstützen und erleichtern den inneren Zugang zum jeweiligen Wahrnehmungskanal. Den meisten Menschen fällt das Sehen innerer Bilder leichter, wenn sie ihre Augen nach oben richten und den Kopf anheben. Dieses Phänomen ist in jedem Gespräch gut zu beobachten, wenn der Gesprächspartner, der gerade innere Bilder beschreibt, die Augen nach oben richtet und sie hin und her bewegt. Manche Menschen können sehr gut innere Bilder wahrnehmen, wenn sie ihre Augen schließen, andere lassen ihre Augen offen und schauen mit weitem, defokussiertem Blick in die Ferne. Beides ist natürlich gut und richtig. Sie können den Klienten dazu einladen, die für ihn richtige Körper- und Kopfhaltung herauszufinden.

3.1.1 Die Bildschirm-Technik, die Leinwand-Technik und die innere Bühne

Bildschirm

Ein gebräuchliches und bekanntes Setting für die Arbeit mit inneren Bildern ist die Bildschirm-Technik. Um das innere Sehen zu erleichtern und einen geeigneten Rahmen dafür zu schaffen, bitten Sie den Klienten, sich zunächst einen Bildschirm vorzustellen, auf dem er sich dann später die imaginierten Bilder oder Filme anschauen kann. Sie können darauf hinweisen, dass der Klient einen für sich angenehmen Abstand wählen kann. Dieses Setting können Sie ergänzen durch eine imaginäre oder reale Fernbedienung, die sehr hilfreich ist, um die Submodalitäten zu verändern, denn mit einer Fernbedienung kann man den Ton leiser stellen, das Bild heller oder dunkler machen, Farbe hinzufügen oder entfernen. Da die meisten Menschen unzählige Male erlebt haben, dass sich äußerlich wahrnehmbare Bilder im Fernsehen tatsächlich immer dann verändern, wenn sie die Fernbedienung benutzen, wird diese Erfahrung auf die Arbeit mit inneren Bildern übertragen. Den meisten Menschen fällt es mit diesem imaginären oder realen Hilfsmittel viel leichter, die Qualität ihrer inneren Bilder zu verändern.

Außerdem erleichtert es die Bildschirm-Technik, die Kontrolle über innere Bilder zu erlangen, denn einen Fernseher kann man ausschalten oder man kann das Programm wechseln. Aus diesem Grund eignet sich das Setting mit einem Bildschirm besonders für die Arbeit mit inneren Bildern, die mit negativen Gefühlen verbunden sind. Es ist eine gute Möglichkeit, um rasch eine Dissoziation herbeizuführen.

Leinwand

Eine Variante der Bildschirm-Technik besteht darin, dass der Klient sich mental ins Kino begibt. Er stellt sich vor, er säße in seinem Lieblingskino, kann sich den schönsten Platz aussuchen und die Leinwand vor seinem inneren Auge sehen. Auch hier kann er den Abstand zur Leinwand selbst regulieren. Das imaginäre Kino bietet noch einen weiteren Vorteil: die doppelte Dissoziation. Indem der Klient sich mental in den Vorführraum begibt, wird der Abstand zur Leinwand noch einmal vergrößert.

Bühne

Außerdem gibt es die Möglichkeit, dass der Klient sich vor seinem inneren Auge eine Bühne vorstellt. Auf dieser Bühne können dann, wie auf einer realen Theaterbühne, Szenen oder Themen imaginativ aufgestellt werden. Eine Bühne hat den Vorteil, dass sie eine bestimmte Tiefe aufweist. Das bedeutet, dass bestimmte Personen oder auch andere Systemelemente in den Hintergrund oder in den Vordergrund gerückt werden können. Die Submodalität Entfernung spielt somit eine größere Rolle und kann gezielt für die Veränderung genutzt werden.

Trance-Zustand

Grundsätzlich fördert ein Trance-Zustand die Arbeit mit imaginativen Techniken – oder anders formuliert: Jedes intensive Wahrnehmen innerer Bilder – unabhängig davon, ob es sich um spontan entwickelte Bilder oder geleitete Imaginationen handelt – ist gleichzeitig ein Trance-Zustand, der im Gehirn bewirkt, dass Neues besonders leicht gelernt werden kann, denn er fördert das Entstehen neuer neuronaler Verknüpfungen. Es klingt paradox, aber während wir entspannt sind oder gerade einem Tagtraum nachgehen – auch das ist ein Trance-Zustand –, befindet sich unser Gehirn in einem besonders effektiven Verarbeitungsmodus. Insofern kann es für die Vorbereitung der Arbeit mit imaginativen Techniken hilfreich und nützlich sein, den Klienten dabei zu unterstützen, seine Aufmerksamkeit von außen nach innen zu lenken.

Ein Vorschlag für eine Trance-Induktion, durch die der Klient auf die Arbeit mit inneren Bildern vorbereitet wird:

Coach: *„Sie können es sich bequem machen und in Ihrem Stuhl eine entspannte und lockere Haltung einnehmen ... Sie können bewusst einige Atemzüge nehmen und spüren, wie Ihr Atem ein- und ausströmt ... Vielleicht möchten Sie sich bewegen und finden eine noch bequemere Haltung ... Sie können Ihre Füße wahrnehmen, die den Boden berühren ... und auch die Stuhllehne an Ihrem Rücken ... Und während Sie ganz normal weiter ein- und ausatmen, können Sie Ihren Körper weiter entspannen ... Und wenn Sie mögen, können Sie nun eine Leinwand vor Ihrem inneren Auge erscheinen lassen ... eine Leinwand, die Ihnen besonders gut gefällt ... Sie können die Leinwand etwas vor- oder zurückschieben, so lange, bis der Abstand für Sie genau der richtige ist ... Sie können sich auch vorstellen, dass Sie in Ihrer Hand eine Fernbedienung halten ... damit können Sie all das, was Sie auf der Leinwand sehen, verändern, wann immer Sie wollen ...“*

3.1.2 Der Abschluss einer Imagination

Während einer Coaching-Einheit ist es aufgrund der vorher eingeplanten Zeiteinheit nicht immer möglich, ein bestimmtes Thema wirklich bis zur Lösung zu bearbeiten. Für die Arbeit mit imaginativen Methoden bedeutet das, dass es in der inneren Bilderwelt des Klienten noch keine befriedigende Lösung gibt – ähnlich wie bei einem zweiteiligen Film, der aufgrund der abgelaufenen Sendezeit unterbrochen wird. Die Fortsetzung folgt dann zu einem späteren Zeitpunkt. Und genau diese Analogie zum Fortsetzungsfilm kann man sich im Coaching zunutze machen.

So kann es beispielsweise bei einer imaginativen Themenaufstellung auf der inneren Bühne des Klienten (s. Kapitel 3.4.1) durchaus etwas länger dauern, bis wirklich alle Systemelemente ihren Platz gefunden haben. Wenn zu einem späteren Zeitpunkt mit diesem inneren Bild weitergearbeitet werden soll, dann ist es wichtig, es gut zu verpacken oder abzuspeichern. Dabei sollte man darauf achten, dass die damit verbundenen Emotionen neutral oder positiv sind und dass der Klient die Kontrolle über das Bild hat.

Als Intervention empfehlen sich hier die aus dem NLP bekannten „Einpackstrategien". Hier ein Vorschlag:

Coach: *„Jetzt ist es an der Zeit, sich von Ihrem inneren Bild zu verabschieden. All das, was Sie jetzt vor Ihrem inneren Auge sehen, sind wichtige Elemente und Facetten Ihres Themas ... Und Sie können nun für dieses Bild einen Platz finden, an dem Sie es verwahren, sodass wir* *zu einem späteren Zeitpunkt damit weiterarbeiten können. Wenn Sie mögen, können Sie den Vorhang vor Ihrer inneren Bühne zuziehen, in dem Wissen, dass die Fortsetzung folgt."*

Arbeitet man mit der Bildschirm-Technik, kann man den Klienten bitten, sich auf dem Bildschirm den Satz „Fortsetzung folgt" vorzustellen und den imaginären Fernseher auszuschalten. Manche Klienten bevorzugen es auch, das Bild am PC auf einer imaginären CD abzuspeichern. All das ist natürlich richtig und der Klient kann die Möglichkeit auswählen, die am besten in seine Vorstellung passt.

3.2 Innere Bilder und die Magie schneller Augenbewegungen

Gerade aus methodischer Sicht bietet Wavivid-Coaching für die Arbeit mit inneren Bildern eine große Bereicherung. Die positiven Effekte, die man durch imaginative Methoden erreicht, werden so noch beschleunigt und vertieft. Die vom Klienten angestrebten Ziele werden durch die Veränderung der inneren Bilder neuronal bereits angebahnt und unterstützt, denn es geht ja um die gezielte Veränderung in eine für den Klienten positive und lösungsorientierte Richtung.

Durch schnelle Augenbewegungen geschieht diese Veränderung der inneren Bilder besonders rasch und leicht, quasi wie von selbst. Dabei spielt die Tatsache, dass innere Bilder stets mit Gefühlen verbunden sind, eine große Rolle, denn jedes Bild löst eine emotionale Resonanz aus. Die Qualität der Gefühle kann natürlich sehr unterschiedlich sein. Während ein inneres Urlaubsbild beispielsweise ein Gefühl von Entspannung oder Zufriedenheit hervorruft, kann das innere Bild eines übervollen Schreibtisches Stress oder ein anderes negatives Gefühl auslösen. Hier bietet Wavivid-Coaching nicht nur die Möglichkeit, die Bilder selbst sehr rasch zu verändern, sondern auch die emotionale Resonanz.

Werden beim Klienten schnelle Augenbewegungen erzeugt, während er innerlich ein stresserzeugendes Bild wahrnimmt, dann entstehen die folgenden Effekte:
➤ Das Bild wird kleiner.
➤ Es „rutscht" weiter weg und die Entfernung zum Betrachter vergrößert sich.
➤ Häufig wird das Bild auch dunkler, verschwommener und weniger farbig.

Diese Veränderungen der visuellen Submodalitäten führen dazu, dass sich die emotionale Bewertung dieses Bildes verändert und das Gefühl als neutral oder positiv empfunden wird.

Ein anderer faszinierender Effekt in Bezug auf bedrohlich wirkende Bilder besteht darin, dass sich durchaus auch der Inhalt dieser Bilder verändern kann. Das heißt, aus einem zunächst bedrohlichen Problembild entwickeln sich bewegte Bilder, die gleichzeitig Lösungen beinhalten. Anders formuliert bedeutet das: Das Gehirn entwickelt selbstorganisiert einen „Problemlösungs-Film".

Hierzu ein Beispiel:

Herr Schwarz befand sich aufgrund aktueller beruflicher Ereignisse in einer Situation starker Arbeitsbelastung. Im Rahmen seiner Tätigkeit als Rechtsanwalt und Notar hatte er es immer wieder mit festgesetzten Fristen und Terminen zu tun. Außerdem hatten zwei Mit-

arbeiterinnen die Kanzlei verlassen, sodass ein großer Arbeitsanfall mit knappen personellen Ressourcen bewältigt werden musste. Herr Schwarz erlebte diese Situation als sehr belastend und druckerzeugend. Das innere Bild, das er zu dieser Situation wahrnahm, beschrieb er wie folgt: „Ich sehe mich selbst vor einer riesigen Treppe stehen, bei der die einzelnen Stufen so groß und hoch sind, dass ich sie einfach nicht erklimmen kann." Dieses Bild war verständlicherweise mit einem negativen Gefühl von Druck und Belastung verbunden.

Ich bat Herrn Schwarz, dieses Bild einen kurzen Moment zu fokussieren, und während er dieses Bild anschaute, erzeugte ich mit einer ersten Wink-Einheit die schnellen Augenbewegungen.

Sehr rasch kam es zu einer ersten Veränderung in diesem Bild, denn es tauchte eine Leiter auf, die Herr Schwarz benutzen konnte, um die Stufen zu erklimmen.

Nach der nächsten Wink-Einheit tauchte eine Person in dem Bild auf, die Herrn Schwarz mithilfe einer Räuberleiter dabei behilflich war, weitere Stufen zu erklimmen. In das ursprünglich starre Bild kam Bewegung und es tauchten die unterschiedlichsten Hilfsmittel und Lösungsmöglichkeiten auf. Herr Schwarz hatte – angeregt durch die Impulse in seinem Problemlösungs-Film – daraufhin auch ganz konkrete Ideen, wie er mit der aktuellen Arbeitsbelastung umgehen konnte. Die emotionale Resonanz wurde damit natürlich zusehends positiver.

Auch ohnehin schon mit positiven Emotionen aufgeladene Bilder, wie beispielsweise Zielbilder, lassen sich durch schnelle Augenbewegungen noch positiv verstärken und verändern. Sie werden größer, bewegter oder farbiger und somit noch attraktiver, was ihre emotionale Bewertung angeht.

Häufig ergibt sich schon nach der ersten Wink-Einheit ein positiver Effekt, der mit drei oder vier weiteren Einheiten noch gesteigert und verbessert werden kann. Dieser Prozess wird so lange fortgesetzt, bis der Klient sich deutlich entlastet fühlt und Lösungsansätze erreicht sind.

3.3 Bilder, die motivieren

Die Fähigkeit, sich selbst zu motivieren, gehört zu den wichtigsten Schlüssel-kompetenzen, denn was nützt das beste fachliche Know-how, wenn es auf-grund mangelnder Motivation nicht zum Einsatz kommt?

In dem Wort Motivation stecken die Worte „movere" und „Motiv". „Movere" bedeutet bewegen, und ein Motiv ist ein Beweggrund oder ein Antrieb; etwas in uns oder in unserer Umgebung, das uns in Bewegung bringt. Man unterscheidet zwischen der allge-meinen und der spezifischen Motivation. Die allgemeine Motivation ist die Kraft, etwas zu wollen, und die spezifische Motivation zielt auf etwas ganz Bestimmtes.

In der Motivationsforschung besteht heute Einigkeit darüber, dass grundsätzlich jeder Mensch motiviert ist und etwas schaffen, gestalten oder leisten möchte. Diese Kraft ist natürlich von Mensch zu Mensch unterschiedlich stark ausgeprägt, und die Schaffens-kraft richtet sich auf unterschiedliche Themen oder Ziele.

Auch wird unterschieden zwischen innerer und äußerer (intrinsischer und extrinsischer) Motivation. Die intrinsische Motivation kommt aus dem Inneren eines Menschen, sie ist verbunden mit einem inneren Antrieb, Wunsch oder Willen – der Mensch ist motiviert. Die extrinsische Motivation wird bestimmt durch Rahmenbedingungen und Außen-reize, wie Anregungen oder Prämien – der Mensch wird motiviert (Sprenger 1999, S. 9–13). Ob ein Mensch Erfolg hat, hängt u.a. entscheidend vom Zusammenspiel der inneren und der äußeren Motivation ab. Allerdings geht man davon aus, dass man Menschen nicht auf Dauer von außen motivieren kann und dass sich äußere Anreize, wie beispielsweise Prämien, mit der Zeit abnutzen und die gewünschte Wirkung verlie-ren. Nachhaltiger und stabiler jedoch ist die innere Motivation eines Menschen. Jeder Mensch ist ein einzigartiges Individuum und seine innere Motivation wird beeinflusst durch seine Einstellungen, Gefühle, Werte, Vorstellungen, Wünsche und Ziele.

Jeder Mensch verfügt über individuelle mentale Motivationsstrategien, die mehr oder weniger erfolgreich sein können. Häufig sind sie uns gar nicht bewusst und wir wun-dern uns, warum wir bestimmte Dinge einfach nicht tun, obwohl wir sie uns so fest vorgenommen haben. Innere Motivation entsteht im Kopf, und die Art und Weise, wie unser Gehirn bestimmte Tätigkeiten oder Ziele repräsentiert, ist entscheidend dafür, ob wir uns zu etwas bewegen können oder eben auch nicht.

Im Coaching geht es also darum, geeignete innere Anreize, wie beispielsweise innere Bilder, zu schaffen, die motivieren und die die betreffende Person dazu in Bewegung bringen, die Dinge zu erreichen und umzusetzen, die sie möchte.

Innere Anreize mit starkem Einfluss auf die Motivation eines Menschen

Ziele

Ziele sind für die Motivation von entscheidender Bedeutung, denn sie geben Orientierung. Attraktive Ziele üben eine Sogwirkung aus und bringen Menschen in Bewegung. Dabei kommt es allerdings entscheidend darauf an, wie Ziele in unserem Gehirn repräsentiert oder abgebildet sind. Damit Ziele überhaupt motivieren können, müssen sie zunächst positiv formuliert sein. Dabei wird die Motivationskraft eines Ziels noch verstärkt, indem das Ziel durch ein inneres Bild repräsentiert ist. Je mehr Sinneswahrnehmungen in unserem Gehirn an diesem Zukunftsereignis beteiligt sind, desto mehr Gehirnzellen beschäftigen sich mit der Erreichung dieses Ziels, was zu einer stabilen und starken neuronalen Bahnung führt. Die Vorfreude und Lust auf dieses Ziel nehmen zu (Besser-Siegmund 2006).

Angenehme Emotionen

Jedes gesunde Lebewesen strebt danach, unangenehme Gefühle zu meiden und angenehme Gefühle zu suchen. Zudem haben Gefühle einen starken Einfluss auf unser Leistungsvermögen. Wenn es uns nicht gut geht und wir unter starkem Stress stehen, dann haben wir keinen Zugang zu unseren Fähigkeiten und zu unserer Leistungskraft. Deshalb ist es sehr wichtig, dass unsere persönlichen Motivationsstrategien mit positiven Gefühlen „aufgeladen" sind.

Werte

Auch das persönliche Wertesystem eines Menschen hat einen starken Einfluss auf seine innere Motivation, denn das, was uns wirklich wichtig ist, wie beispielsweise Unabhängigkeit, Harmonie, Erfolg oder Sicherheit, bringt uns in Bewegung. Werte sind somit sehr starke Motivatoren, denn für das, was uns wichtig ist, sind wir bereit, sehr viel zu tun.

3.3.1 Ziele imaginieren

Ziele zu entwickeln ist in jedem Coaching-Prozess, unabhängig vom jeweiligen Thema, sehr wichtig, denn ohne Ziele gibt es keinen Ankunftsort, und es fehlt ein entscheidendes Kriterium, an dem man den Erfolg eines Coaching-Prozesses messen kann. Ein erster Schritt zur Zielentwicklung besteht meistens darin, ein Ziel zunächst zu formulieren, d.h. zu sagen, was man erreichen will, im Gegensatz zu dem, was man nicht möchte. Dieser Prozess der (auditiven) Zielformulierung geht häufig schon mit gewissen Vorstellungen (visuell) vom Ziel einher, auch wenn dies unbewusst geschieht und die inneren Bilder zunächst noch recht vage sind.

Das aus meiner Sicht wichtigste Kriterium für die Zielformulierung ist, dass das Ziel unbedingt positiv formuliert sein muss. Eine Formulierung wie: „Ich möchte bei der Präsentation in der nächsten Woche nicht aufgeregt sein" wäre nicht geeignet. Unser Gehirn „versteht" trotz der Verneinung das Wort aufgeregt und mobilisiert alle Daten, um diesen Zustand auch körperlich herzustellen, beispielsweise durch Herzklopfen, feuchte Hände oder andere körperliche Begleiterscheinungen. Eine geeignete Formulierung in diesem Beispiel wäre: „Ich möchte bei der Präsentation in der nächsten Woche gelassen (bzw. konzentriert) sein."[7]

Ziele mit imaginativen Methoden zu entwickeln bietet den entscheidenden Vorteil, dass die Zielerreichung durch dieses innere Bild bereits angebahnt wird – das Gehirn läuft sich schon mal warm –, was die Realisierung entscheidend unterstützt. Ein weiterer wichtiger Vorteil ist der, dass ein positives und attraktives Zielbild mit einem angenehmen und positiven Gefühl verbunden ist. Das wiederum wirkt motivierend und die betreffende Person hat Lust, das Ziel zu erreichen.

Es lassen sich sehr unterschiedliche Ziele mit imaginativen Methoden entwickeln. Dies können verhaltensbezogene Ziele, wie beispielsweise „an drei Nachmittagen pro Woche pünktlich um 17.00 Uhr von der Arbeit nach Hause gehen" sein oder auch „größere" Ziele wie eine neue berufliche Position im Unternehmen.

Hier ein Vorschlag für das methodische Vorgehen beim Entwickeln von Zielbildern:

---

7   Eine ausführliche Beschreibung zum Thema Zielentwicklung und Zielformulierung im Coaching finden Sie in meinem Buch „NLP in der Coaching-Praxis", Paderborn 2005.

Zielbilder entwickeln und stärken

1. **Das Imaginationssetting einrichten:** Der Coach bittet den Klienten, eine bequeme Sitzposition einzunehmen, vor seinem inneren Auge eine Leinwand oder einen Bildschirm wahrzunehmen und den geeigneten Abstand einzustellen.

   Coach: *„Bitte finden Sie eine bequeme Sitzposition und nehmen Sie sich die Zeit, die Sie brauchen, um vor Ihrem inneren Auge eine Leinwand zu sehen … Sie können auch so tun, als befänden Sie sich in Ihrem Lieblingskino … Sie können sich den Platz im Kino aussuchen, den Sie am schönsten und am bequemsten finden … und während Sie diese bequeme Sitzposition genießen, können Sie vor Ihrem inneren Auge eine Leinwand sehen … Sie entscheiden selbst, wie groß die Leinwand ist und in welcher Entfernung Sie die Leinwand wahrnehmen."*

2. **Das Ziel imaginieren:** Im nächsten Schritt geht es darum, dass der Klient das Ziel imaginiert. Dies kann ein Bild sein, das er auf seine imaginäre Leinwand projiziert, das können aber auch ein Film oder einige Sequenzen bewegter Bilder sein, die der Klient in seinem Kopfkino produziert. Wichtig ist, dass der Klient sich selbst auf diesem Bild oder in diesem Film sehen kann.

   Coach: *„Nehmen Sie sich nun die Zeit, die Sie brauchen, und lassen Sie ein Bild oder mehrere Bilder vor Ihrem inneren Auge entstehen … Welche inneren Vorstellungen verbinden Sie mit Ihrem Ziel? … Sie können dieses Bild bewusst erzeugen oder Sie können sich überraschen lassen, was vor Ihrem inneren Auge auftaucht. Und es ist gut zu wissen, dass jeder Mensch diese inneren Bilder auf seine eigene Art und Weise wahrnimmt … Und während Sie innerlich sehr interessante Dinge wahrnehmen können, können Sie mir davon erzählen, was es dort alles so zu sehen gibt."*

3. **Das Zielbild stärken und weiterentwickeln:** Während der Klient mit seinen inneren Zielbildern beschäftigt ist, ist es für den Coach wichtig, seine Beobachtungsfähigkeit einzusetzen und sorgfältig auf die Physiologie des Klienten zu achten. Wenn beispielsweise eine Problem-Physiologie wahrnehmbar ist, ist das ein sicherer Indikator dafür, dass mit dem Zielbild „etwas nicht stimmt". Aber auch, wenn man schon eine ressourcenreiche Physiologie wahrnimmt, gibt es meist noch die Möglichkeit, die Zielbilder des Klienten zu verbessern, und zwar insofern, dass sie noch attraktiver werden können und somit die Motivationskraft der Bilder zunimmt.

   Die Attraktivität eines inneren Bildes hängt stark von den entsprechenden Submodalitäten ab, d.h. davon, wie man ein Bild wahrnimmt und welche Empfindungen es auslöst. So kann die Vergrößerung des Bildes mit angenehmen Empfindungen verbunden sein.

Sie können den Klienten bitten, den Effekt des Ziels zu visualisieren und sich damit bewusst zu machen, wofür es sich lohnt, dieses Ziel zu erreichen. Nehmen wir das Beispiel des verhaltensbezogenen Ziels: „Dreimal pro Woche pünktlich um 17.00 Uhr die Arbeit beenden". Hier ist es sinnvoll, dass der Klient nicht nur diese Handlung imaginiert, sondern sich auch vorstellt, was er danach tut. Kann er beispielsweise sehen, wie er die Zeit mit seiner Familie verbringt oder sich seinem Hobby widmet, wird er stärker motiviert sein, das Ziel zu erreichen.

Wichtig bei einer Stärkung des Zielbildes ist, dass die innerlich wahrgenommenen Bilder mit positiven Emotionen verknüpft sind.

Coach: *„Sie haben nun die Möglichkeit, Veränderungen an Ihrem Bild oder Film vorzunehmen und es schrittweise zu verbessern, sodass Sie voll und ganz mit Ihrem Zielbild zufrieden sind. Sie können damit experimentieren. Was geschieht in Ihrer Wahrnehmung, wenn Sie das Bild vergrößern ... wenn Sie es farbiger machen ... wenn Sie den Abstand verringern ... wenn Sie Bewegung in das Bild hineinbringen ... wenn Sie das Bild schärfer einstellen ...? Sie können die positiven Empfindungen genießen, die diese Veränderungen auslösen. Was genau nehmen Sie dann mit allen Sinnen wahr? Was sehen, hören, fühlen, riechen oder schmecken Sie? Sie können Ihr Bild oder Ihren Film weiterentwickeln und sich auch Bilder dazu anschauen, weshalb es sich lohnt, dieses Ziel zu erreichen."*

4. **Assoziation mit dem Zielbild:** Im nächsten Schritt ist es sinnvoll, dass der Klient sich mit dem Zielbild assoziiert. Er wird deshalb gebeten, sich in dieses Bild hineinzubegeben und damit seine Wahrnehmungsposition von dissoziiert zu assoziiert zu wechseln. Dies entspricht einer mentalen Probefahrt in die Zukunft und ist durchaus vergleichbar mit einem Autokauf. Eine dissoziierte Wahrnehmung in Bezug auf dieses Beispiel bedeutet, sich das Auto zunächst anzuschauen; eine assoziierte Wahrnehmung bedeutet, sich in das Auto hineinzusetzen und eine Probefahrt zu machen. Wenn der Klient sich in sein Zielbild hineinbegibt, testet er noch einmal, wie es sich anfühlt, in dieser Zielsituation zu sein. Er kann sich in der Situation umschauen und erleben, welche Empfindungen diese bei ihm auslöst. Hier kann der Klient testen, ob gegebenenfalls noch etwas an dem Bild verbessert werden soll.

Coach: *„Sie können sich jetzt in ihr Zielbild hineinbegeben ... Sie können sich umschauen in dieser Situation ... die Geräusche hören ... und spüren, wie es sich anfühlt, wenn Sie Ihr Ziel erreicht haben ..."*

5. **Das Zielbild verankern:** Zur weiteren Verstärkung des positiven Zielbildes kann es verankert werden. Das bedeutet, dass das Zielbild und die dazugehörige Zielphysiologie des Klienten mit einem bestimmten Sinnesreiz verknüpft werden. Durch diesen Sinnesreiz (Anker) ist es für den Klienten leichter, sich an das Zielbild zu erinnern, d.h., er bekommt einen raschen Zugang zu seiner Zielphysiologie. Dieser Anker kann eine bestimmte Farbe sein, die der Klient innerlich wahrnimmt, oder ein bestimmter Gegenstand, der zum Zielbild gehört.

Coach: *„Sie können sich etwas aussuchen, das es Ihnen erleichtert, auch in der Zukunft an Ihr Zielbild zu denken ... Das kann eine bestimmte Farbe aus Ihrem Bild sein ... oder ein bestimmter Gegenstand ... Vielleicht ist es auch ein bestimmtes Geräusch ... Sie können sich das aussuchen, was Ihnen am besten gefällt.“*

6. **Ressourcen hinzufügen und erste Schritte planen:** Abschließend ist es sinnvoll, mit dem Klienten zu erarbeiten, welche Ressourcen er einsetzen kann, und erste Schritte zu planen, die er unternehmen will, um sein Ziel zu erreichen.

Coach: *„Welche Ihrer Ressourcen, Erfahrungen und Fähigkeiten können Sie nutzen, um Ihr Ziel zu erreichen? Wer oder was könnte Ihnen dabei helfen oder Sie dabei unterstützen? Was können Sie nun tun, um sich Ihrem Ziel zu nähern? Welche Schritte haben Sie möglicherweise schon unternommen, die Ihnen gar nicht bewusst waren?“*

3.3.2 Performance-Coaching: die Leistungsfähigkeit verbessern

Nicht nur im Bereich Sport-Coaching spielen die Performance oder die persönliche Spitzenleistung eine wichtige Rolle, sondern es gibt viele andere Themen im Coaching, bei denen eine Verbesserung der Leistung angestrebt wird. Das können wichtige Vorträge, Präsentationen, besonders anspruchsvolle und komplexe Situationen oder schwierige Gesprächssituationen sein. Kurz gesagt: Situationen, in denen es darauf ankommt, auf den „Punkt genau" sein Bestes zu geben.

Ein Aspekt ist die inhaltliche Vorbereitung. Für eine Präsentation beispielsweise wählt man bestimmte Themen aus, entwickelt eine Struktur und plant das Timing. Wichtiger jedoch ist das „State-Management" (Zustands-Management), denn der innere Zustand oder die Verfassung einer Person haben einen ganz entscheidenden Einfluss auf die Fähigkeit, mit anderen Menschen zu interagieren, und auf die Leistungsfähigkeit. Somit ist die Möglichkeit, den eigenen inneren Zustand beeinflussen oder „managen" zu können, eine sehr wichtige Voraussetzung für den Erfolg eines Menschen.

Deshalb arbeiten Sportler, die sich auf einen Wettkampf vorbereiten, ebenso intensiv an ihrem inneren Zustand wie an ihrer Kondition. Sie wissen, wie wichtig es ist, in einem ruhigen, entspannten und gleichzeitig fokussierten Zustand zu bleiben, auch wenn der bevorstehende Wettkampf eine große Anstrengung erfordert.

Welch große Bedeutung der innere Zustand bei der Bewältigung von Konflikten und ungewissen oder schwierigen Situationen hat, zeigt eine Studie über effektive Führungsfähigkeiten. Manager wurden gefragt, wie sie besonders schwierige Situationen, in denen sie mit Ungewissheiten, Konflikten oder sehr komplizierten Sachverhalten konfrontiert wurden, bewältigt hatten. Die folgende Antwort ist repräsentativ für viele andere: „Ich sammle so viele Informationen wie möglich. Dabei schaue ich mir die Situation aus jeder Perspektive an und trage die relevanten Fakten zusammen. Doch wenn ich dann tatsächlich in der Situation bin, denke ich gar nicht darüber nach, was ich tun oder sagen werde oder wie ich reagieren oder antworten sollte. Es können einfach zu viele Dinge geschehen, an die ich nicht gedacht habe. In der Situation habe ich nur noch eines im Sinn: In welchem Zustand möchte ich sein? Denn wenn ich im falschen Zustand bin, gerate ich in Schwierigkeiten, so gut ich mich auch vorbereitet haben mag. Bin ich jedoch im richtigen Zustand, kommt die Inspiration sogar dann, wenn ich die Antwort nicht weiß." (Dilts 2005, S. 89)

Bestimmte innere Zustände, wie beispielsweise Prüfungsangst oder zu starkes Lampenfieber blockieren den Zugang zu unseren Ressourcen und verhindern so, dass wir auf unser Wissen und unsere Fähigkeiten zurückgreifen können. Im Gegensatz dazu ermöglichen ressourcenreiche Zustände einen raschen Zugriff auf unsere mentalen und physischen Kompetenzen und helfen uns, exzellente Leistungen zu erbringen.

Eine sehr wichtige und zentrale Aufgabe im Coaching besteht darin, den Klienten dabei zu unterstützen, einen Zugang zu effektiven Zuständen und damit zu seinen Ressourcen zu bekommen. Methodisch bieten sich hierfür Imaginationstechniken an, denn so wird der Erfolg visualisiert und bereits vorweggenommen.

Durch inneres Sehen und mentales Üben werden vor der realen Situation neuronale Bahnungen erzeugt, die eine erfolgreiche Realisierung erleichtern und unterstützen. Hierfür eignet sich eine Methode sehr gut, die im NLP unter dem Begriff „New Behaviour Generator" bekannt geworden ist und die auf der Arbeit mit Imaginationen basiert. Die Methode zeichnet sich dadurch aus, dass man sich nicht nur selbst in einem guten Zustand und mit einer guten Leistungsfähigkeit vorstellt, sondern auch andere Personen, die über bestimmte Fähigkeiten verfügen. So wird das Lernen von sich selbst und von anderen Vorbildern sehr gezielt unterstützt, weshalb diese Methode im Coaching eine gute Wahl ist, wenn es um die Vorbereitung herausfordernder Leistungen geht.

Den Erfolg visualisieren

1. **Das Imaginationssetting einrichten:** Der Coach bittet den Coachee, eine bequeme Sitzposition einzunehmen, sich mental ins Kino zu begeben, sich den schönsten Platz auszusuchen und vor seinem inneren Auge eine Leinwand zu sehen.

   Coach: *„Sie können sich nun in Ihrer Vorstellung in Ihr Lieblingskino begeben und sich dort den schönsten und bequemsten Platz aussuchen ... In Ihrer Fantasie können Sie sich aussuchen, ob Sie alleine im Kino sind oder ob noch andere Personen mit Ihnen dort sind ... Sie können die Leinwand vor Ihrem inneren Auge sehen und Sie können sich ebenfalls die Perspektive aussuchen, mit der Sie die Leinwand anschauen, und Sie können den für Sie besten Abstand zur Leinwand einstellen ...."*

2. **Der Klient sieht sich in einem Film in Bestform handeln:** Im ersten Schritt geht es darum, dass der Klient sich selbst in einem guten Zustand und mit den entsprechenden Fähigkeiten in dieser speziellen Situation handeln sieht und so zum Regisseur seines Erfolgsfilms wird. Der Klient macht sich vorher bewusst, welchen Zustand er zur Verfügung haben möchte, wie beispielsweise Konzentration und Gelassenheit, und benennt diesen Zustand auch. Der Coach kann den Klienten

auch fragen, welche seiner Fähigkeiten für diese Situation besonders nützlich und hilfreich sind.

Coach: „*Ich möchte Sie nun dazu einladen, sich einen Film anzuschauen … In diesem Film spielen Sie in Bestform die Hauptrolle. Sie können sich selbst sehen, wie Sie dem Vorstand Ihre Projektergebnisse präsentieren. … Sie schauen sich an, in welchem positiven Zustand Sie sich befinden, und Sie können Ihre Aufmerksamkeit darauf lenken, woran genau Sie diesen positiven Zustand erkennen … Sie selbst entscheiden, welche Ihrer Fähigkeiten Sie mit in diese Situation nehmen möchten und können auch hier darauf achten, woran Sie erkennen, dass die Person in dem Film diese Fähigkeiten einsetzt. Wenn Sie mögen, schauen Sie sich das Publikum an und die Interaktion zwischen der Person, die präsentiert und dem Publikum. … Sie können an Ihrem Film so lange Veränderungen vornehmen, bis Sie wirklich zufrieden sind.*“

3. **Separator – Reorientierung im Hier und Jetzt:** Nun wird der Klient gebeten, sich wieder im Hier und Jetzt zu orientieren, und er wird eingeladen, zwei Personen – einen Mann und eine Frau – auszuwählen, die er für diese Situation als Vorbild oder Modell nehmen möchte. Dies sollten Personen sein, die der Klient mag und die über eine bestimmte Fähigkeit verfügen, die für die reale Situation des Klienten nützlich sind.

Coach: „ *Meine Bitte an Sie ist nun, dass Sie zwei Personen auswählen – einen Mann und eine Frau –, die über eine besondere Fähigkeit verfügen, die in Ihrer Situation von Nutzen wäre. Das können Personen aus Ihrer Familie oder Ihrem Freundeskreis sein oder aber auch Personen des öffentlichen Lebens, die Sie nicht persönlich, aber aus den Medien kennen.*“

4. **Der Klient schaut sich die Modelle in Aktion an:** Im ersten Film sieht der Klient sein erstes Vorbild in dieser Situation agieren und im zweiten Film sieht er sein zweites Vorbild agieren – jeweils mit ihren ganz speziellen Fähigkeiten. Durch die Auswahl der Vorbilder und das innere Sehen werden Ressourcen erschlossen, denn der Klient macht sich bewusst, dass es sehr unterschiedliche Arten gibt, diese Situation erfolgreich zu bewältigen. Er lernt von seinen Vorbildern und bekommt entscheidende Impulse, mit welchen weiteren Fähigkeiten er diese Situation optimieren kann.

Im dritten Film sieht der Klient nun wieder sich selbst in Bestform agieren. Zusätzlich übernimmt er noch die besonderen Fähigkeiten seiner zwei Vorbilder.

So kann der Klient im letzten Film alle bis dahin einzeln vorkommenden Fähigkeiten und Stärken miteinander kombinieren, sodass es zu einem optimalen Ergebnis kommt.

Coach: *„Bitte schauen Sie wieder auf Ihre innere Leinwand und stellen sich Ihre Situation vor. Sie selbst können eine Pause einlegen, denn nun agiert Ihr erstes Vorbild in dieser Situation. Sie können sich anschauen, auf welche Weise diese andere Person die Situation bewältigt und welche speziellen Fähigkeiten sie in die Situation einbringt. Sie können Ihre Aufmerksamkeit auch auf die Unterschiede lenken, die Sie zwischen Ihrem Verhalten und dem Verhalten der anderen Person wahrnehmen ... Wenn Sie damit zufrieden sind, kann Ihr erstes Vorbild eine Pause einlegen, und jetzt können Sie Ihrem zweiten Vorbild zuschauen und erleben, wie diese Person die Situation meistert ... Und nehmen Sie sich die Zeit, die Sie brauchen und beobachten Sie genau, was diese Person anders macht und auf welche Weise genau diese Person die Situation erfolgreich bewältigt ... Schauen Sie sich auch diesen Film so lange an, bis Sie zufrieden sind ... Jetzt hat Ihr zweites Vorbild eine Pause, und Sie können sich selbst wieder in dem Film agieren sehen ... Dabei sehen Sie sich selbst in Bestform handeln und zusätzlich können Sie sehen, wie Sie selbst in diesem Film so viel von den Fähigkeiten Ihrer Vorbilder übernehmen, wie es für Sie gut und richtig ist. Als Regisseur können Sie sich selbst im Film Regieanweisungen geben und Ihren eigenen Erfolgsfilm mit allen wichtigen Zutaten selbst entwickeln. Nehmen Sie sich die Zeit, die Sie brauchen, bis Sie ganz zufrieden sind.“*

5. **Assoziation mit dem Erfolgsfilm und Verankerung:** Der Klient hat jetzt die Möglichkeit, in den Film hineinzuschlüpfen und quasi die Perspektive des Schauspielers einzunehmen. Er assoziiert sich mit der Situation, prüft so noch einmal das Ergebnis und kann gegebenenfalls noch Korrekturen vornehmen.

Coach: *„Ich möchte Sie jetzt dazu einladen, sich wie bei einer Probefahrt in Ihren Erfolgsfilm hineinzubegeben. Sie können sich umschauen in der Situation, die Geräusche wahrnehmen und das Gefühl spüren ... Wenn Sie mögen, nehmen Sie aus dieser Situation etwas mit, wodurch Sie sich besonders leicht an diese Situation erinnern ... Das können eine Farbe oder ein Gegenstand sein ... Und wenn Sie ganz zufrieden sind, dann kommen Sie wieder ins Hier und Jetzt zurück.“*

3.3.3 Glaube versetzt Berge – neue Überzeugungen aufbauen und stärken

Bei der Veränderungsarbeit im Coaching spielen auch immer Überzeugungen, Einstellungen, Grundhaltungen oder Glaubenssätze eine große Rolle. Die im NLP hierfür geläufigen Begriffe lauten „Beliefs" oder „Belief Systems".

Beliefs haben mit Glaubenssätzen im engen religiösen Sinne nichts zu tun. In dem hier gemeinten Sinne sind unsere Überzeugungen vielmehr Ausdruck unserer inneren Landkarte, die wir benutzen, um uns in der Welt zu orientieren und ihr Sinn zu verleihen. Mithilfe dieser Überzeugungen ordnen und sortieren wir unsere Erfahrungen. Sie können sich auf unser Verhalten, unsere Fähigkeiten oder unsere Identität beziehen oder darauf, wie aus unserer Sicht Dinge oder Ereignisse miteinander verknüpft sind. Somit beeinflussen unsere Überzeugen auf eine sehr machtvolle Art und Weise unsere Wahrnehmung und die Interpretation der Welt um uns herum.

„Glaubenssätze und Werte werden ihrerseits von tiefer liegenden Prozessen geprägt – wie z.B. von unbewussten Annahmen über Identität, Normen und Kultur – und von Grundannahmen über die Natur des Menschen und der Welt. Diese Grundannahmen lassen sich nicht objektiv beweisen, sondern werden vielmehr fraglos geglaubt. [...] Über die Überzeugungen, die am einflussreichsten sind, ist man sich im Allgemeinen am wenigsten bewusst – wie der Fisch, der im Wasser schwimmt. In Organisationen und anderen Systemen kommen Überzeugungen häufig nicht offen zum Ausdruck, sondern eher als Vorannahmen in Sprachmustern, in nonverbalem Verhalten und in Meta-Botschaften" (Dilts 1998, S. 121 f.).

Weil gerade die einflussreichsten Überzeugungen häufig unbewusst sind, benötigt man aus meiner Sicht einiges an Erfahrung, um diese in einem Coaching-Prozess zu identifizieren und mit dem Klienten in unterstützende Glaubenssätze zu transformieren und diese dann zu stärken. Die Kunst besteht darin, die Überzeugen, die sich um ein bestimmtes Thema ranken, vom Inhalt zu trennen und mit dem Klienten gemeinsam herauszuarbeiten. Durch das Herausarbeiten werden die Beliefs im ersten Schritt bewusst gemacht. Dann wird ein Rahmen für ihre Veränderbarkeit gesetzt und im nächsten Schritt werden funktionalere Beliefs erarbeitet, die dann mithilfe einer Imaginationstechnik gestärkt werden.

Beispiel:

Das folgende authentische Beispiel verdeutlicht, wie man in einem Coaching-Prozess Glaubenssätze im Zusammenhang mit einem Thema herausarbeiten und schrittweise verändern kann.

Frau Weber nimmt auf Empfehlung ihres Vorgesetzten ein Coaching in Anspruch. Sie ist von Beruf Betriebswirtin und zurzeit als Projektleiterin bei einem IT-Dienstleister beschäftigt. Sie lebt in Hamburg und in wenigen Monaten wird sie als Beraterin und Projektkoordinatorin im Auftrag ihres Unternehmens für ca. ein Jahr bei einem außereuropäischen Kunden, einem Fernsehsender, arbeiten.

Die allerersten Informationen zum Anlass dieser Coaching-Anfrage erhalte ich von ihrem Vorgesetzten. Er schätze Frau Weber als Mitarbeiterin sehr, besonders ihr Engagement und ihr Qualitätsbewusstsein. In letzter Zeit mache er sich allerdings Sorgen und frage sich, wie lange Frau Weber dieses 150-prozentige Leistungsniveau und den damit verbundenen Stress noch aushalten könne. Häufig arbeite sie bis tief in die Nacht, und sie könne sich auch gegen unangemessene Forderungen mancher Kollegen oder Kunden nicht angemessen abgrenzen. Er fürchte, dass sie wegen ihrer eigenen hohen Ansprüche an sich und ihre Leistungen „verheizt" werde, und das solle verhindert werden.

So weit zu den ersten Vorinformationen. Frau Weber erhält meine Kontaktdaten, sie setzt sich kurze Zeit später mit mir in Verbindung und wir vereinbaren einen Termin für ein Vorgespräch. Sie entscheidet sich dafür, mit dem Coaching-Prozess möglichst zeitnah zu beginnen und die Zeit bis zu ihrem Auslandsaufenthalt zu nutzen, um die für sie wichtigen Themen zu bearbeiten und für schwierige berufliche Situationen nach Alternativen zu suchen. Wir vereinbaren fünf Coaching-Einheiten à drei bis vier Stunden und beginnen beim ersten Termin zunächst damit, die Themen und Ziele abzustimmen, die sie im Coaching bearbeiten möchte.

Im Großen und Ganzen spiegeln ihre Schilderungen die Einschätzungen ihres Vorgesetzten wider. Sie habe sehr, sehr viel gearbeitet in letzter Zeit und sei teilweise über ihre Belastungsgrenzen gegangen. Manchmal sei sie so gestresst und gereizt gewesen, dass der Anblick eines entspannten Spaziergängers mit Hund bei ihr fast zum Ausbruch von Tränen geführt habe. Wenn es ein Problem zu lösen gäbe, vergrabe sie sich völlig darin, vergesse die Zeit und häufig auch Grundbedürfnisse wie Essen oder Schlafen. Sie sei dann völlig überrascht, wenn ihr Kollege die Essenszeit anmelde und eine Pause bräuchte, und würde am liebsten weitermachen. Sie wolle auf keinen Fall jemanden enttäuschen und stehe durch die Erwartungen von Kunden und Kollegen sehr unter Druck. Es gebe immer wieder Situationen, die sie sehr einschüchterten, besonders wenn sie Kritik ausgesetzt sei. Damit wolle sie anders umgehen lernen und geeignete Schutzmechanismen entwickeln.

Sie berichtet von ihrer biografischen Entwicklung, von ihrer Familie und dass ihr Vater sehr, sehr streng gewesen sei. Ihr Vater habe all seinen Kindern gegenüber sehr hohe Leistungsanforderungen gehabt, auch gute Noten reichten nicht aus, es hätte immer noch besser sein können. Wenn diese Leistungsanforderungen nicht erfüllt wurden, reagierte der Vater mit Druck und dem Entzug von Zuwendung.

Wir vereinbaren die folgenden Themen und Ziele und halten diese schriftlich fest:

➤ Die Ansprüche und Erwartungen an die eigenen Leistungen überprüfen und gegebenenfalls gegen die Erwartungen anderer Personen abgrenzen. „Nein sagen" lernen.

➤ Einen Abstand zu sehr belastenden Situationen in der jüngeren Vergangenheit gewinnen und „abschalten" können.

➤ Einen souveränen Umgang mit Kritik entwickeln.

➤ Die eigenen Stärken und Fähigkeiten erkennen und ausbauen.

Natürlich hat Frau Weber zu all ihren Themen und Zielen ganz konkrete Situationen parat. Nach einer kurzen Einführung zum Thema Überzeugungen und deren Auswirkungen schlage ich ihr vor, damit zu beginnen ihre Einstellungen herauszuarbeiten, die sie mit ihren schwierigen und stressigen beruflichen Situationen verbindet.

Die Fragestellung lautet: *„Was denken Sie in schwierigen und stressigen beruflichen Situationen über sich, ihre Fähigkeiten oder über andere beteiligte Personen?"*

Das Ergebnis sind die folgenden Grundeinstellungen, die ihr Erleben und Verhalten im Job prägen:

➤ Das, was ich tue, muss immer überdurchschnittlich sein. Wenn das nicht der Fall ist, schäme ich mich.

➤ Damit ich das erreiche, muss ich mich anstrengen und sehr viel tun.

➤ Ich will und darf niemanden enttäuschen.

➤ Wenn ich jemanden enttäusche, habe ich mich nicht genug angestrengt. Es ist meine Schuld.

➤ Das, was ich tue, reicht nicht aus.

Nachdem Frau Weber als Antworten auf die oben genannte Frage ihre Glaubenssätze formuliert hat und ich diese am Flipchart aufgeschrieben habe, wird sie sehr nachdenklich. Sie blickt mit etwas Distanz auf ihre Formulierungen am Flipchart und kommt zu dem Schluss, dass solche Einstellungen schon sehr anstrengend und stressig seien. An dieser Stelle biete ich ihr das Reframing an, dass diese Überzeugungen nicht einfach negativ oder unbrauchbar sind, sondern schlage ihr vor, diese wertzuschätzen, um deutlich zu machen, dass sie in bestimmten Situationen durchaus ihre Berechtigung hatten oder haben. Wir nutzen beide gemeinsam die Distanz, die diese Visualisierung bietet, und sprechen über ihre Einstel-

lungen. Im nächsten Schritt beginne ich damit, ihre Glaubenssätze zu disputieren[8], indem ich sie frage, ob es denn überhaupt realistisch oder wahrscheinlich sei, dass jemand wirklich bei allem, was er oder sie tut, überdurchschnittliche Leistungen erreicht. Ich biete ihr den Wahrnehmungsrahmen an, dass jeder Mensch ganz bestimmte Stärken habe und in ganz bestimmten Bereichen besonders gute Ergebnisse erziele.

Dann schlage ich ihr vor, neue unterstützende und funktionale Glaubenssätze zu entwickeln.

Die Fragestellung lautet: *„Was würden Sie stattdessen lieber in Bezug auf stressige oder schwierige berufliche Situationen über sich, Ihre Fähigkeiten und andere beteiligte Personen denken?"*

Das Ergebnis sind die folgenden Überzeugungen, die ihr Erleben und Verhalten im Job in Zukunft prägen sollen:
➤ Das, was ich tue, hat normalerweise eine gute Qualität.
➤ Das, was ich gut kann, ist in der Regel überdurchschnittlich.
➤ Es ist in Ordnung, wenn ich in manchen Bereichen durchschnittliche Ergebnisse erziele.
➤ Ich darf Erfolg haben, ohne vorher sehr viel Aufwand betrieben zu haben.
➤ Die Erwartungen anderer Personen sind mir wichtig, und es ist in Ordnung, sich gegen die Erwartungen anderer abzugrenzen.
➤ Zum Enttäuschen gehören immer zwei.
➤ Ich darf meine Bedürfnisse wahrnehmen und äußern.

Nach meiner Erfahrung ist das Transformieren oder Umwandeln dieser einschränkenden Beliefs ein durchaus anspruchsvoller Prozess, der ein gewisses Maß an Zeit und Sorgfalt erfordert. Es ist keineswegs damit getan, die einschränkenden Beliefs einfach zu negieren oder das Gegenteil davon zu formulieren, wie beispielsweise: „Das, was ich tue, kann ruhig unterdurchschnittlich sein." Wenn man berücksichtigt, dass auch einschränkende Beliefs einen Nutzen haben und für die betreffende Person möglicherweise zum Zeitpunkt ihres Entstehens lebensnotwendig waren, dann wird deutlich, wie wichtig es ist, die für den Klienten passenden und angemessenen neuen Beliefs zu entwickeln.

---

8   „Beliefs disputieren" ist ein Fachbegriff aus dem NLP und meint das Zerreden einschränkender oder Stress erzeugender Überzeugungen. Mithilfe unterschiedlicher Methoden, wie beispielsweise den Fragetechniken des Meta-Modells, werden diese Überzeugungen infrage gestellt. Dem Klienten werden andere Wahrnehmungsrahmen angeboten und die einschränkenden Überzeugungen werden nach und nach destabilisiert. Dies bietet eine gute Basis für das Erarbeiten funktionaler oder unterstützender Beliefs.

Ich unterstütze Frau Weber beim Entwickeln ihrer neuen Überzeugungen, gebe ihr Rück-
meldungen zu meinen Ideen und mache ihr Vorschläge, die ich allerdings dann wieder ver-
werfe, wenn ich merke, dass diese für sie nicht geeignet sind. Mit dem obigen Ergebnis ist
Frau Weber dann sehr zufrieden.

Swish

Neue funktionale und unterstützende Überzeugungen sind aus meiner Sicht mit zarten,
kleinen Pflänzchen vergleichbar, die noch Wachstumshilfen gebrauchen können. Insofern ist es durchaus sinnvoll, sie zu stärken, sodass sie wachsen und kräftiger werden.
Hierfür ist eine von Richard Bandler – einem Begründer des NLP – entwickelte Imaginationstechnik sehr gut geeignet.

Bevor man mit dieser Imaginationstechnik weiterarbeitet, kann der Klient zunächst
das Maß der Glaubwürdigkeit dieser neuen Einstellungen bestimmen. Dies geschieht
mithilfe der folgenden „Belief-Skala".

0	I	2	3	4	5	6	7

Gar nicht glaubhaft wie: Sehr glaubhaft wie:
„Es gibt einen Weihnachtsmann."   „Morgen früh geht die
                                                                              Sonne wieder auf."

Abb. 7: Belief-Skala

Die meisten Klienten ordnen ihre neuen Überzeugungen noch nicht sehr weit rechts
auf der Skala ein. Das ist sehr gut nachvollziehbar, da diese ja gerade erst während des
Coaching-Prozesses entwickelt wurden. Frau Weber ordnete ihre neuen Glaubenssätze
als „Belief-Set" auf der Skala bei 2 ein. Im weiteren Vorgehen soll die Glaubwürdigkeit
dieser neuen Überzeugungen gestärkt werden.

Um dies zu erreichen, ist die bereits oben erwähnte Imaginationstechnik sehr nützlich,
die im NLP unter dem Namen „Swish" bekannt geworden ist. Swish ist im Englischen
ein Fantasiewort, das mit „zischen" übersetzt wird, weil ein zischendes Geräusch dann
entsteht, wenn sich zwei Dinge sehr schnell aneinander vorbeibewegen. Genau diese
Vorstellung wird bei der Swish-Technik genutzt, denn zwei innere Bilder bewegen sich
rasch aneinander vorbei und dabei verändern sich auch die Submodalitäten der inneren

Bilder (Ötsch / Stahl 1997, S. 187–194).[9] Der Coach unterstützt dabei den raschen Wechsel der Bilder mit einem zischenden Laut.

Morgen früh geht die Sonne wieder auf

Wenn es im Coaching darum geht, einen neu entwickelten Glaubenssatz zu stärken, dann arbeite ich sehr gerne mit einer Imaginationstechnik, die ich unter dem Namen „Morgen früh geht die Sonne wieder auf" kennengelernt habe. Die Grundannahmen bei dieser Technik sind folgende:

Der Glaubenssatz „Morgen früh geht die Sonne wieder auf" ist bei fast allen Menschen sehr stark ausgeprägt, da sie dieses Ereignis mit größter Zuverlässigkeit immer wieder erleben. Entscheidend in diesem Zusammenhang ist nun, mit welchem inneren Bild unser Gehirn diesen Satz repräsentiert. Welche Qualität oder welche Submodalitäten zeichnen ein Bild in unserem Kopf aus, wenn wir von einer Sache felsenfest überzeugt sind? Und welchen Unterschied gibt es zu einem inneren Bild, vom dem wir nicht überzeugt sind, oder von einer Einstellung, die wir nicht glauben, wie beispielsweise „Es gibt einen Weihnachtsmann"? Die Grundannahme ist, dass sich die bildhaften Repräsentationen einer Einstellung, die wir nicht glauben, von denen einer Einstellung, von der wir fest überzeugt sind, unterscheiden.

Wenn Sie mögen, können Sie nun ein kleines **Experiment** *dazu machen:*

Nehmen Sie eine entspannte und bequeme Haltung ein, schließen Sie die Augen und bereiten Sie sich darauf vor, vor Ihrem inneren Auge Bilder entstehen zu lassen.

Lassen Sie zuerst ein Bild zu dem Satz „Es gibt einen Weihnachtsmann" entstehen. Nehmen Sie dieses innere Bild wahr und achten Sie besonders auf die unterschiedlichen Bildqualitäten. Wie groß ist das Bild? In welcher Entfernung nehmen Sie es wahr? Welches Format hat das Bild? Hat es einen Rahmen oder sehen Sie es um sich herum. Ist es farbig oder schwarz-weiß, scharf oder verschwommen?

---

9   Es gibt eine ganze Reihe unterschiedlicher Swish-Techniken, die von Richard Bandler entwickelt wurden (vgl. Andreas 1993). Auf diese kann hier im Einzelnen nicht eingegangen werden. Hier wird vielmehr eine spezielle Imaginationstechnik vorgestellt, die geeignet ist, um erwünschte neue Überzeugungen zu stärken.

> Lösen Sie sich nun von diesem Bild und entwickeln Sie Ihr persönliches Bild vom Sonnenaufgang. Welches Bild entsteht vor Ihrem inneren Auge zu dem Satz „Morgen früh geht die Sonne wieder auf"? Achten Sie auch hier auf die Bildqualität. Wie groß ist dieses Bild? Welches Format und welche Farbqualität hat es? Welche qualitativen Unterschiede können Sie im Vergleich zu dem anderen Bild wahrnehmen?

Solche Unterschiede werden auch als kritische Submodalitäten bezeichnet, weil diese Bildqualitäten den Unterschied in Bezug auf die Glaubwürdigkeit repräsentieren.

Neue Glaubenssätze stärken

1. **Den neuen Glaubenssatz als Bild visualisieren:** Der Klient entwickelt zunächst ein inneres Bild, das seinen neuen Glaubenssatz oder mehrere neue Glaubenssätze zu einem Thema repräsentiert. Der Coach unterstützt den Klienten mithilfe des geeigneten Imaginationssettings.

   Coach: *„Bitte nehmen Sie eine entspannte und bequeme Haltung ein und lassen Sie vor Ihrem inneren Auge ein Bild zu Ihrem neuen Glaubenssatz (z.B.: „Das, was ich tue, hat normalerweise eine gute Qualität.") entstehen. Nehmen Sie sich die Zeit, die Sie brauchen, um dieses Bild gut wahrnehmen zu können. Wenn Sie mögen, können Sie mir beschreiben, was es auf dem Bild zu sehen gibt."*

2. **Die Submodalitäten dieses Bilder erfragen:** Im nächsten Schritt befragt der Coach den Klienten detailliert nach den Submodalitäten des Bildes, also danach, wie das Bild beschaffen ist. Für die Veränderungsarbeit steht nicht der Inhalt des Bildes im Mittelpunkt, sondern vielmehr die Qualität des Bildes. Coach und Klient richten gemeinsam ihre Aufmerksamkeit auf das innere Bild des Klienten. Indem nun der Klient die Submodalitäten auf Nachfrage des Coachs beschreibt, entsteht nach und nach dieses Bild auch vor dem inneren Auge des Coachs. Somit kommt es im wahrsten Sinne des Wortes zu einer „joint attention", einer geteilten Aufmerksamkeit. Wichtig an dieser Stelle ist, dass es nicht um eine inhaltliche Bewertung oder Interpretation des Bildes geht, sondern ausschließlich darum, die Submodalitäten zu ermitteln.

   Die wichtigsten visuellen Submodalitäten sind in den folgenden Fragen enthalten:

Coach: *„Wie groß ist das Bild? Welches Format hat das Bild? Ist es hell oder dunkel? Ist das Bild farbig oder schwarz-weiß? Wie weit ist das Bild weg? Gibt es Bewegung in dem Bild oder ist es stillstehend? Ist das Bild klar oder verschwommen?"*[10]

3. **Separator:** Der Coach bittet den Klienten, sich von diesem Bild zu lösen und mit seiner Aufmerksamkeit ins Hier und Jetzt zurückzukehren.

4. **Das Bild vom Sonnenaufgang visualisieren:** Nun entwickelt der Klient sein persönliches Bild vom Sonnenaufgang. Es kann aus einer Urlaubserinnerung oder einer anderen Situation stammen. Die meisten Menschen verbinden mit solch einem Bild ausgesprochen positive Erfahrungen und Emotionen, weshalb es häufig sehr groß, farbig und panoramaartig ist. Auch hier erfragt der Coach mithilfe der oben formulierten Fragen alle wichtigen Submodalitäten dieses Bildes.

5. **Separator:** Der Klient löst sich von diesem Bild und kehrt mit seiner Aufmerksamkeit ins Hier und Jetzt zurück.

6. **Die „kritischen" Submodalitäten herausarbeiten:** Coach und Klient arbeiten nun gemeinsam heraus, durch welche Submodalitäten sich die beiden Bilder voneinander unterscheiden. Welches sind die Unterschiede in der Bildqualität?

   Coach: *„Welche Unterschiede können Sie zwischen den Bildern wahrnehmen? Welches Bild ist größer oder farbiger? Welches ist weiter entfernt?"*

7. **Die Submodalitäten verändern:** Nun erfolgt die eigentliche Veränderungsarbeit, denn das Bild, das den neuen Glaubenssatz repräsentiert, soll ja mithilfe der Submodalitäten des Sonnenaufgang-Bildes in seiner Glaubwürdigkeit gestärkt werden. Ziel ist es also, das erste Glaubenssatz-Bild mit den Submodalitäten des Sonnenaufgang-Bildes auszustatten. Hierzu gibt es methodisch zwei Möglichkeiten: Einmal die Swish-Technik, mit deren Hilfe die beiden Bilder sehr rasch aneinander vorbeirasen, wodurch die Submodalitäten ausgetauscht werden. Zum anderen können die Qualitäten des Sonnenaufgang-Bildes einfach nach und nach auf das Glaubenssatz-Bild übertragen werden.

---

10 Hier empfiehlt es sich meiner Erfahrung nach, mit einer schriftlichen Liste zu arbeiten, in die die Submodalitäten eingetragen werden. Das ist entlastend für den Coach, er muss sich nicht alle Unterschiede merken und kann sich umso besser auf den Coaching-Prozess konzentrieren.

Ich persönlich bevorzuge in der praktischen Coaching-Arbeit die zweite Variante, da dies nach meiner Erfahrung den meisten Klienten leichter fällt. Hierbei arbeite ich oft mit dem Hilfsmittel der imaginären oder echten Fernbedienung. Das bedeutet, dass der Coachee in seiner inneren Vorstellung nach und nach das Glaubenssatz-Bild verändert, indem er es beispielsweise vergrößert, mit Farbe ausstattet oder Bewegung hineinbringt.

Coach: *„Nun geht es darum, Ihren noch neuen Glaubenssatz mithilfe Ihrer inneren Bilder zu stärken. Bitte verändern Sie nach und nach die jeweilige Bildqualität, sodass es im Ergebnis genau die gleichen Bildqualitäten aufweist wie das Bild vom Sonnenaufgang. Nehmen Sie sich die Zeit, die Sie brauchen, lassen Sie dieses Bild auf sich wirken und genießen Sie es."*

8. **Das Bild verankern:** Zusätzlich ist es durchaus nützlich, das Bild zu verankern. Der Coachee kann eine bestimmte Farbe auswählen, die er mit dem Bild verknüpft, um es so noch rascher präsent zu haben. Die Bahnung wird dadurch noch verstärkt.

   Coach: *„Sie können sich nun eine Farbe oder ein Symbol aussuchen, sodass es Ihnen leichter fällt, sich auch in Zukunft an das Bild zu erinnern."*

9. **Die Glaubwürdigkeit mithilfe der Belief-Skala überprüfen:** Zum Abschluss überprüfen Coach und Klient gemeinsam mithilfe der Belief-Skala, wie glaubwürdig der neue Glaubenssatz jetzt ist.

   Coach: *„Ich möchte Sie nun bitten, sich noch einmal die Skala anzuschauen und die Glaubwürdigkeit Ihres neuen Glaubenssatzes auf der Skala einzuordnen."*

Frau Webers Bild vom Ziel-Glaubenssatz war zunächst ziemlich klein – sie beschrieb es als eng. Es beinhaltete recht wenig Farbe und war eher dunkel. Außerdem war keine Bewegung im Bild. Auf diesem Bild sah sie sich innerhalb ihres neuen Projektes im Kunden- und Kollegenkreis agieren. Nachdem sie nach und nach die entsprechenden Submodalitäten verändert hatte, war das Bild deutlich größer und heller und es war auch Bewegung im Bild. Frau Weber ordnete ihren neuen Glaubenssatz auf der Belief-Skala bei 5 ein und war damit sehr zufrieden.

3.3.4 Visionen in Realität verwandeln

„What I see the way off is too nebulous to describe,
but it looks big and glittering." – *Walt Disney*

Die folgende Imaginationstechnik wurde von Robert Dilts entwickelt, und sie ist sehr gut dazu geeignet, Menschen in Kontakt mit ihrer Vision zu bringen. Es geht nicht nur darum, eine Vision – ein großes, attraktives Bild von der Zukunft – zu entwickeln, sondern es werden gezielt auch alle anderen Ebenen, die mit der Realisierung der Vision verbunden sind, miteinbezogen und in Übereinstimmung gebracht. Dies sind die im NLP bekannten Logischen Ebenen: Umwelt, Verhalten, Fähigkeiten, Werte und Glaubenssysteme, Identität und Auftrag (Dilts 1998, S. 37-42).

Ein Unterschied zwischen einer Vision und einem Ziel besteht darin, dass man bei einer Vision von einem längeren Zeitrahmen ausgeht. Während wir ein Ziel für die nächste Woche definieren können, erstreckt sich der Zeithorizont bei einer Vision auf etwa zehn Jahre. Für die Entwicklung einer Vision spielen gerade die höheren Logischen Ebenen eine entscheidende Rolle: die der Identität, des Auftrags und die der Glaubenssätze und Werte.

Die Vision ist das „Was", das Bild von der Zukunft, das wir zunächst in unserem Kopf entwickeln und dann real erschaffen wollen. Genauso wichtig ist die Frage, welchen Auftrag oder welche Mission wir damit erfüllen. Und unsere Werte spielen eine ebenso entscheidende Rolle. Was ist uns wichtig? Was liegt uns wirklich am Herzen? Erst wenn diese Fragen geklärt sind, macht es Sinn, Strategien und Aktivitäten zu entwickeln.

Insofern ist eine Vision die Königsdisziplin der Zielentwicklung und eine anspruchsvolle Aufgabe. Sie ist vielleicht der wichtigste Teil unserer intrinsischen Motivation, denn dieses große attraktive Bild in unserem Kopf hat natürlich eine motivierende Wirkung.

Genauso wie Ziele müssen Visionen positiv sein. Was wir wollen ist nämlich nicht identisch mit dem, was wir vermeiden wollen. Negative Visionen fokussieren das, was wir *nicht* wollen und sind aus verschiedenen Gründen ungeeignet. Zum einen wird Energie, die für einen kreativen Prozess genutzt werden könnte, auf die Verhinderung von etwas Negativem abgelenkt. Zum anderen tragen negative Visionen die subtile Botschaft der Machtlosigkeit in sich. Und letztendlich sind negative Visionen kurzfristig, denn wenn die Bedrohung verschwindet, schwindet auch die Vision (Senge 1996, S. 275).

Die Imaginationstechnik „Visionen in Realität verwandeln" basiert auf einem besonderen Setting, denn der Klient wird zunächst gebeten, sich vor seinem geistigen Auge eine riesige Landschaft vorzustellen und wahrzunehmen, wo sich im inneren Bild der Horizont dieser Landschaft befindet. Im nächsten Schritt wird der Klient gebeten, sich einen Sonnenaufgang in dieser inneren Landschaft vorzustellen.

Für die meisten Menschen ist dies eine sehr schöne und ressourcenreiche Erfahrung, denn der Anbruch eines neuen Tages ist mit dem Glauben an die Zukunft verbunden. Zudem ist die innere Repräsentation eines Sonnenaufgangs höchstwahrscheinlich mit einem starken positiven Glaubenssatz verbunden. So bildet dieses Setting einen besonders geeigneten „Rahmen" für die Vision, die dann mit der Verknüpfung der einzelnen Logischen Ebenen in einzelnen Schritten weiterentwickelt wird.

Imaginationstechnik: Visionen in Realität verwandeln

1. **Das Imaginationssetting einrichten:** Zunächst wird der Klient gebeten, ein großes inneres Bild von einer Landschaft zu entwickeln, die er besonders gerne mag.

    Coach: *„Sie können nun in Ihrer Vorstellung einen Raum für Ihre Vision entstehen lassen. Bitte stellen Sie sich eine riesige innere Landschaft vor, eine Landschaft, die Ihnen besonders gut gefällt, und nehmen Sie wahr, wo in diesem Bild der Horizont ist. Lassen Sie nun in diesem Bild die Sonne am Horizont aufgehen, und spüren Sie, wie es sich anfühlt, den Beginn eines neuen Tages zu erleben. Sie können auch das Gefühl von Hoffnung und Glauben an die Zukunft entstehen lassen. Nun geht es um die Frage: Was ist Ihre Vision? Lassen Sie die Bilder und Assoziationen Ihrer Antwort aus dem Licht des Sonnenaufgangs entstehen und nehmen Sie sich die Zeit, die Sie brauchen."*

2. **Die Ebene der Identität und der Mission:** Nun wird eine Verbindung zwischen der Vision und der Identität und dem Auftrag (der Mission) hergestellt. Die Identität ist die Antwort auf die Frage: „Wer bin ich?" Verschiedene Rollen wie Führungskraft, Berater oder Unternehmerin beschreiben u.a. die Identität, für die der Klient eine geeignete Metapher, wie beispielsweise „Pionier", oder „eine Quelle für Erkenntnisse" entwickeln kann. Der Auftrag wiederum leitet sich aus der Identität ab: Ein Pionier hat den Auftrag, ein neues Gebiet zu entdecken und Innovationen zu schaffen. Eine Quelle für Wissen und Erkenntnisse versorgt andere Menschen damit und unterstützt sie so in ihrer Entwicklung.

    Coach: *„Während Sie nun dieses Bild und die Assoziationen auf sich wirken lassen und den Sonnenaufgang weiter genießen, können Sie darüber nachdenken, welche Identität* *und welcher Auftrag mit Ihrer Vision verbunden ist. Welche Metapher symbolisiert Ihre Identität und Ihren Auftrag?"*

4 **Die Ebene der Werte und Glaubenssätze:** Jetzt geht es darum, dass der Klient sich seine Werte und Glaubenssätze im Zusammenhang mit seiner Vision bewusst macht. Werte wie beispielsweise Freiheit, Unabhängigkeit oder Wachstum wirken stark motivierend und unterstützen somit die Vision. Auch die Glaubenssätze sollten die Vision unterstützen.

Coach: *„Nehmen Sie Ihren Körper und Ihre Emotionen wahr, die mit Ihrer Vision und mit Ihrem Auftrag verbunden sind – vor allem jene Emotionen, die das Bild attraktiv erscheinen lassen. Spüren Sie die Motivation und Begeisterung im Hinblick auf Ihre Zukunft. Welche Werte und Glaubenssätze sind mit Ihrer Vision verbunden? Was ist Ihnen besonders wichtig und liegt Ihnen besonders am Herzen?"*

5 **Die Ebene der Fähigkeiten:** Die Ebene der Fähigkeiten hat damit zu tun, wie man die Vision in Realität verwandeln möchte. Hier geht es darum, dass der Klient sich seiner Kompetenzen und Strategien bewusst wird, die für die Umsetzung geeignet sind.

Coach: *„Machen Sie sich nun Ihre physische Energie und Kraft bewusst und stellen Sie sich die Frage, welche Ihrer Stärken und Fähigkeiten Sie einsetzen möchten, um Ihre Vision in Realität zu verwandeln. Vielleicht gibt es auch neue Fähigkeiten, die zur Umsetzung Ihrer Vision hilfreich sind – Fähigkeiten, die Sie neu entwickeln möchten."*

6 **Die Ebene des Verhaltens:** Während die Ebene der Fähigkeiten sich auf Kompetenzen und Strategien bezieht, beschreibt die Ebene des Verhaltens ganz konkrete Handlungen. Hier geht es um die Frage, was man konkret tun möchte oder was die nächsten Schritte sind.

Coach: *„Wenn Sie mögen, können Sie das Bild nun näher zu sich heranholen und es in einen für Sie angenehmen Abstand bringen. Was werden Ihre nächsten Schritte sein? Welche Verfassung oder welcher innerer Zustand kann Ihnen am besten dabei helfen, diese Schritte zu tun?"*

7. **Die Ebene der Umwelt:** Die Ebene der Umwelt beschreibt den Kontext oder konkrete Situationen, in denen man die Vision realisieren möchte. Es geht darum, wo und wann man etwas tun möchte.

Coach: „*Bitte stellen Sie sich nun vor, dass Sie sich physisch voranbewegen. Wo und wann werden Sie diese Schritte umsetzen, die Sie zu Ihrer Vision führen?*"

3.4 Bilder, die wir inszenieren

Innere Bilder lassen sich nicht nur als unbewusst auftauchende Bilder oder als Bilder auf einer imaginären Leinwand wahrnehmen und bearbeiten, sondern sie lassen sich auch auf einer inneren Bühne inszenieren und „umräumen". Beim Thema Aufstellungsarbeit denken die meisten Menschen wahrscheinlich an Familienaufstellungen, die mit real existierenden Stellvertretern durchgeführt werden. Dies ist jedoch nur eine der unterschiedlichen Möglichkeiten im Bereich Aufstellungsarbeit. Schon Virginia Satir entwickelte die sogenannte Skulptur-Arbeit, bei der die einzelnen Familienmitglieder so aufgestellt werden, dass sie eine Skulptur bilden. Auch Fritz Perls, der Begründer der Gestalttherapie, entwickelte Interventionen, mit deren Hilfe bestimmte Themen real oder imaginativ aufgestellt und somit zueinander in Beziehung gesetzt werden.

Dabei können die unterschiedlichsten Themen imaginativ – das heißt im inneren Vorstellungsraum des Klienten – aufgestellt werden, wie beispielsweise eine Organisation oder ein Team, Produkte oder verschiedene Dienstleistungsangebote, Kunden oder Kundengruppen, aktuelle berufliche Situationen oder aber auch verschiedene Persönlichkeitsanteile. Diese Art von Themenaufstellung kann natürlich genauso gut external erfolgen. Das bedeutet, dass die verschiedenen Systemelemente durch reale Gegenstände oder Symbole repräsentiert werden (s. Kapitel 3.6.2 „Themen und Systeme externalisieren"). Hier soll der Schwerpunkt jedoch auf der imaginativen Aufstellungsarbeit, die im inneren Vorstellungsraum des Klienten stattfindet, liegen.

3.4.1 Themen auf der inneren Bühne inszenieren

Die charakteristischen Merkmale der imaginativen Aufstellungsarbeit auf der inneren
Bühne sind folgende:

➤ Auch diese Form der Imagination ermöglicht eine Dissoziation und damit Distanz
zum entsprechenden Thema. Der Klient betrachtet die Szene oder das Bühnenbild
von außen und schlüpft somit in die Rolle des Beobachters – unabhängig davon, ob
er sich selbst in dieser Szene sehen kann oder nicht.

➤ Im Unterschied zur Bildschirm- oder Leinwand-Technik jedoch spielt bei der inneren Bühne die räumliche Tiefe eine entscheidende Rolle, denn die Submodalität
Entfernung, Abstand oder räumliche Tiefe hat einen entscheidenden Einfluss auf die
Bewertung des jeweiligen Systemelementes. Dabei ist es immer wieder interessant zu
beobachten, dass Menschen bestimmte innerliche Positionierungen für die System-
elemente auf der inneren Bühne wählen. Ein Systemelement wird beispielsweise ganz
hinten links in der dunklen Ecke der Bühne wahrgenommen und fristet dort ein
Schattendasein. Ein anderes Element befindet sich in der hell erleuchteten Mitte der
Bühne und wird von der betreffenden Person als im Mittelpunkt stehend priorisiert.
Der jeweilige Ort, an dem sich die einzelnen Systemelemente auf der inneren Bühne
befinden, ist wiederum neuronal verknüpft mit einer entsprechenden emotionalen
Resonanz. Zu jeder Position gibt es demnach eine entsprechende limbische Bewer-
tung, die natürlich individuell sehr unterschiedlich ausfallen kann. Auch geläufige
Redewendungen deuten auf diese unterschiedlichen limbischen Bewertungen hin.
„Etwas links liegen lassen" bedeutet in der Regel, dass uns etwas nicht so wichtig ist.
Wenn etwas absolut „im Vordergrund steht", dann ist damit meistens eine starke
Priorität des entsprechenden Themas gemeint.

➤ Die innere Bühne ermöglicht auf der einen Seite die ganzheitliche und auf der anderen Seite die differenzierte Bearbeitung eines Themas, denn die Wechselwirkungen
zwischen den einzelnen Systemelementen spielen hier eine große Rolle.

➤ Bei der Vorstellung der inneren Bühne gibt es unzählige Möglichkeiten, wie diese
beschaffen sein kann. Einige Klienten greifen vielleicht auf erinnerte Bilder zurück,
während andere vor ihrem geistigen Auge eine ganz neue Bühne konstruieren. Hier
einige Anregungen für die unterschiedlichsten Arten von Bühnen:
Die innerlich wahrgenommene Bühne kann eine Erinnerung an ein großes Opern-
haus, wie beispielsweise die Wiener Staatsoper, sein, ausgestattet mit viel rotem Samt
und Gold. Ein anderes Bühnenvorbild könnte ein kleineres Stadttheater sein. Dann
gibt es Freilichtbühnen, die ein naturnahes Erlebnis ermöglichen. Und schließlich

gibt es noch Seebühnen, wie beispielsweise die in Bregenz, bei der die Bühne vom Wasser des Bodensees umgeben ist. Im Hintergrund sieht man die Lichter der Stadt, die in der Ferne funkeln. All diese Beispiele können Anregungen für den „Aufbau" der inneren Bühne sein.

➤ Die entscheidende Besonderheit bei der Arbeit mit der inneren Bühne liegt jedoch darin, dass die einzelnen Systemelemente aufgrund der räumlichen Tiefe eine differenzierte emotionale Bewertung erfahren, während ein Bild ohne diese Tiefenschärfe eher in seiner Gesamtheit emotional bewertet wird. Somit sind die einzelnen Systemelemente, ihre limbische Bewertung und ihre Beziehungen zueinander von besonderer Bedeutung für die Bearbeitung des jeweiligen Themas.

Bei der Arbeit mit der inneren Bühne spielen die folgenden visuellen **Submodalitäten** eine Rolle:

Abstand oder Entfernung: Die unterschiedlichen Systemelemente befinden sich auf verschiedenen Positionen. Sie können sich links, rechts, im Vordergrund oder Hintergrund der Bühne befinden. Sie können sogar hinter der Bühne oder über allem schwebend wahrgenommen werden.

Helligkeit: Manche Elemente oder Figuren sind sehr hell ausgeleuchtet, andere wiederum sind dunkler oder befinden sich im Schatten.

Farbigkeit oder Kontrast: Auch hier gibt es häufig Differenzierungen. Manche Elemente sind schwarz-weiß, andere hingegen mit kräftigen oder zarten Farben ausgestattet. Ebenso können Systemelemente als verschwommen, unscharf oder ganz klar wahrgenommen werden.

Proportionen: Die Proportionen der jeweiligen Systemelemente zueinander müssen nicht mit der Realität übereinstimmen. Bestimmte Figuren oder Personen können als viel kleiner oder größer wahrgenommen werden als in einer realen Situation.

Tempo: Das Bewegungstempo der einzelnen Systemelemente kann sehr unterschiedlich sein, das Spektrum reicht von ganz still bis hin zu raschen Bewegungen.

Die jeweilige Anordnung der Systemelemente auf der inneren Bühne spiegelt eine innere, individuelle Problemdynamik wider und stellt eine metaphorische oder symbolische Wirklichkeitskonstruktion dar. Sie bildet einen Teil der inneren Landkarte des Klienten ab. Weil die räumliche Anordnung der Systemelemente einen so starken Einfluss auf die emotionale und kognitive Bewertung hat, kann diese spezielle Anordnung nützlich oder eben nicht nützlich beziehungsweise problemerzeugend oder problemstabilisierend sein. Die Positionen der einzelnen Elemente sind jedoch veränderbar und somit auch das ganze „Bühnenbild". Und diese Veränderbarkeit ist das Entscheidende für die Arbeit mit imaginativen Themenaufstellungen im Einzel-Coaching, mit der Zielsetzung, die innere bildhafte Problemdynamik in eine bildhafte Lösungsdynamik zu verwandeln.

Die Methode der imaginativen Themenaufstellungen eignet sich für die unterschiedlichsten Anlässe und Themen im Coaching, wie beispielsweise für einen inneren Konflikt, eine schwierige Entscheidungssituation oder die aktuelle Unzufriedenheit mit einer komplexen beruflichen Situation.

Kurz gesagt: Sie eignet sich für alle Themen, die weiterentwickelt werden sollen und für die es einen Klärungsbedarf gibt. Die innere Bühne stellt dabei den imaginativen Raum dar, in dem der Klient die einzelnen Elemente an unterschiedlichen Plätzen und Positionen anordnet.

Die einzelnen **Systemelemente** können unterschiedlich repräsentiert sein. Hier einige Beispiele:

➤ Sie können durch reale Personen repräsentiert sein (durch die Vorgesetzte, einzelne Mitarbeiter, den Freund).
➤ Sie können durch Symbole repräsentiert sein (durch Geld für Erfolg im Job, ein Haus für ein glückliches Familienleben, einen imposanten Dienstwagen für den beruflichen Aufstieg).
➤ Sie können durch Fantasiefiguren repräsentiert sein (durch einen Zauberer für Improvisationstalent, einen Fuchs für die Klugheit und Cleverness).

Wichtig ist, dass wirklich alle Systemelemente, die für dieses Thema eine Rolle spielen, aufgestellt werden und einen Platz auf der inneren Bühne finden.

3.4.2 Die imaginative Themenaufstellung

1. **Die innere Bühne einrichten:** Der Klient wird zuerst gebeten, sich eine innere Bühne vorzustellen. Das kann eine Bühne sein, die er aus seinen Erinnerungen kennt und die ihm besonders gut gefallen hat. Meine innere Bühne beispielsweise ist der Bregenzer Seebühne sehr ähnlich. Ich erinnere dabei Teile der Bühnendekoration auf der „echten" Seebühne und den sie umgebenden See, so, wie ich all dies gesehen habe, und kann dabei innerlich nach Herzenslust „umbauen".

Weiterhin wird der Klient gebeten, sich einen guten und komfortablen Platz auszusuchen, von dem aus er die Bühne besonders gut sehen kann.

Coach: *„Bitte lassen Sie vor Ihrem inneren Auge eine Bühne entstehen. Sie können sich die Art von Bühne aussuchen, die Ihnen am besten gefällt, und Sie können sich in Ihrer Vorstellung auch den besten und bequemsten Platz auswählen."*

2. **Die entsprechenden Systemelemente auf der Bühne anordnen:** Nun wird der Klient gebeten, die einzelnen Systemelemente, die für sein Thema wichtig sind, auf dieser Bühne anzuordnen und den jeweils richtigen Platz dafür zu finden. Dies sollte intuitiv und möglichst rasch geschehen. Je nach Thema können das unterschiedlich viele Elemente sein.

Coach: *„Wer oder was spielt in Bezug auf Ihr Thema eine Rolle? Welche einzelnen Elemente sind beteiligt, wenn Sie sich mit dem Thema beschäftigen? Welche einzelnen Elemente repräsentieren Ihr Thema? Bitte ordnen Sie diese Elemente nach und nach auf der Bühne an."*

Der Klient benennt die einzelnen Elemente, ohne die Wahl zu begründen oder dies weiter inhaltlich zu vertiefen, und ordnet die Elemente auf der Bühne an. Dadurch könnte beispielsweise das folgende Bild entstehen: Die Arbeit wird durch ein Büro repräsentiert und befindet sich mitten auf der Bühne. Ein aktuelles Projekt befindet sich in Form eines Computers rechts vorne am Bühnenrand. Die Familie steht hinten geschlossen in der Mitte der Bühne, und über der Bühne schwebt die Idee von einem neuen Job in Form eines Segelflugzeuges, das einen Namenszug hinter sich herzieht.

3. **Die Resonanz des Bildes erfahren und erfragen:** Im nächsten Schritt geht es darum, dass sich der Klient das fertige Bühnenbild anschaut und wahrnimmt, wie

dieses Bild auf ihn wirkt. Er prüft auch, wie es ihm mit diesem Bild geht, und nimmt die emotionale Resonanz in Bezug auf die Positionen der einzelnen Elemente wahr.

Coach: *„Nehmen Sie sich nun die Zeit, die Sie brauchen, um sich das Bild anzuschauen. Wie wirkt es auf Sie? Wie wirken die Positionen der einzelnen Elemente auf Sie? Welche Veränderungen möchten Sie auf Ihrer inneren Bühne vornehmen?"*

4. **Der Umbau der Bühne:** Dann geht es – metaphorisch formuliert – an den Umbau der Bühne. Der Klient wird nun dazu eingeladen, die Systemelemente an einen anderen, für ihn passenderen Ort zu verschieben. Auch in dieser Phase hält der Coach sich mit Bewertungen und Interpretationen zurück und lässt den Klienten allein entscheiden, welche Veränderungen er vornehmen möchte. Der Coach ist inhaltsfreier Begleiter für die gesamte Umstrukturierung der Bühne, und diese Umstrukturierung wird vom Klienten nach dem Trial-and-Error-Prinzip vorgenommen. Dabei orientiert sich der Coach an der Physiologie des Klienten, die sich sichtbar entspannen und in Richtung Versöhnungs- oder Zielphysiologie entwickeln sollte. Damit ist natürlich eine Veränderung der Submodalitäten sowie eine Veränderung der emotionalen Bewertung verbunden. Das Ergebnis lässt sich auch als „Raum-Reframing" beschreiben, da der gesamte Raum – in diesem Fall die Bühne – eine andere Bedeutung bekommt, die zu einer neuen kognitiven und emotionalen Bewertung führt (vgl. Schmidt-Tanger 2007).

Coach: *„Sie können nun, ähnlich wie ein Bühnenbildner, Veränderungen an Ihrer Bühne vornehmen und einzelne Elemente verschieben und in eine andere Position bringen. Bitte nehmen Sie wahr, wie diese Veränderungen auf Sie wirken und mit welchen Emotionen diese Veränderungen verknüpft sind. Nehmen Sie sich die Zeit, die Sie brauchen, bis alle Elemente den für Sie richtigen Platz gefunden haben und Sie ganz zufrieden mit diesem Bild sind."*

5. **Abschluss und Future Pace:** Zum Schluss nimmt der Klient dieses Lösungsbild noch einmal bewusst wahr und lässt es auf sich wirken. Möglich ist auch, dass der Klient die für ihn wichtigsten Erkenntnisse aus dieser Aufstellungsarbeit abschließend verbalisiert und resümiert. Vielleicht ergeben sich daraus ganz konkrete Schritte, die der Klient in Angriff nehmen möchte.

Coach: *„Lassen Sie nun dieses Bühnenbild, wenn Sie voll und ganz zufrieden sind, noch einmal auf sich wirken ... Nehmen Sie Ihre Erkenntnisse wahr, auch wenn diese Ihnen vielleicht noch nicht alle bewusst sind ..."*

3.4.3 Die Arbeit mit dem inneren Team

Der Begriff des inneren Teams wurde vor einigen Jahren von dem Kommunikationspsy-chologen Schulz von Thun (2005) geprägt. Dabei ist die Vorstellung von einer inneren Pluralität des Menschen jedoch schon recht alt und findet sich in den unterschied-lichsten psychologischen Schulen wieder.

Schon das berühmte Zitat von Goethe „Zwei Seelen wohnen, ach! in meiner Brust" macht deutlich, worum es bei der inneren Pluralität geht. Die meisten Menschen ken-nen das Phänomen, dass unsere innere Reaktion auf ein Ereignis oder eine andere Per-son alles andere als eindeutig ist. Häufig betrachten wir ein Ereignis mit gemischten Gefühlen, wir fühlen uns ambivalent oder hin und her gerissen und wägen das Einer-seits und Andererseits ab, was manche Menschen als inneren Konflikt oder als eine lästige Komplikation auf dem geraden Weg der effektiven Lebensführung erleben. Diese inneren Ambivalenzen können sogar lähmend wirken und zu einem Stillstand führen.

Schon Freuds Vorstellung von der Psyche des Menschen basierte auf einer inneren Plu-ralität. Er definierte das „Es", „Ich" und „Über-Ich" als drei innere Instanzen, die im Konflikt miteinander stehen.

Auch in der Transaktionsanalyse geht man von drei unterschiedlichen Ich-Zuständen aus, aus denen heraus der Mensch kommuniziert und agiert. Das sind das „Eltern-Ich", das „Erwachsenen-Ich" und das „Kind-Ich".

In der von Perls begründeten Gestalttherapie ist es üblich, dass einzelne Seiten oder Teile einer Persönlichkeit definiert und benannt werden. Ihnen wird ein Stuhl zugewie-sen, sodass sich der Klient nacheinander mit den einzelnen Teilen identifizieren kann.

Und in der Persönlichkeitslehre von C.G. Jung spielt der Begriff des „Schattens" eine große Rolle. Damit sind Persönlichkeitsanteile gemeint, die zum Menschen dazugehö-ren, als minderwertig empfunden, aber abgelehnt wurden oder bisher keine Chance zur Entwicklung hatten. In Jungs Vorstellung führen diese Persönlichkeitsanteile ein Eigenleben im Untergrund und zeigen sich in Traumbildern.

Auch in neuen moderneren Ansätzen, wie beispielsweise dem hypnotherapeutischen Konzept Milton Ericksons oder dem NLP, geht man von der Vorstellung der inneren Pluralität aus. Die wichtigste Unterscheidung besteht hier zwischen dem Bewusstsein und dem Unbewussten. Die Grundannahmen über das Unbewusste sind in diesen neuen Ansätzen durchaus positiv, und bei der Veränderungsarbeit geht es darum, das Unbewusste oder bestimmte Persönlichkeitsanteile zur zieldienlichen Kooperation ein-zuladen. Die einzelnen Persönlichkeitsanteile sind nicht, wie in der Transaktionsanalyse, im Vorhinein festgelegt, sondern sie werden im Coaching in Bezug auf ein bestimmtes Thema benannt und visualisiert und stehen in einem engen Zusammenhang mit menschlichen Grundbedürfnissen.

Beispiel: Work-Life-Balance

Bei dem folgenden Beispiel aus der Coaching-Praxis ging es um ein Thema aus dem Bereich Work-Life-Balance. Frau Koch ist Teamleiterin eines IT-Projektes und damit die wichtigste Ansprechpartnerin für den Kunden. Für sie ist ein zentrales Thema in diesem Coaching-Prozess, dass sie mit ihren Aufgaben oft in der regulären Arbeitszeit nicht fertig wird und demzufolge bis in den späten Abend hinein im Büro bleibt. Es ist ihr bisher nicht gelungen, dieses Verhalten abzustellen, obwohl sie sehr unzufrieden mit dieser Situation ist und die ständige Mehrarbeit als belastend erlebt.

Da dieses Verhalten von ihrem Bewusstsein nicht zu steuern ist, schlage ich ihr vor, diese inneren Ambivalenzen mithilfe innerer Bilder sichtbar zu machen und auf diesem Weg nach einer Lösung zu suchen.

Die Ameise, der Bär und Fräulein Rottenmeier

Wir beginnen mit der Seite in ihr, die dafür sorgt, dass sie regelmäßig sehr lange bis in den späten Abend hinein arbeitet.

Coach: „Welche Seite in Ihnen sorgt denn dafür, dass Sie immer wieder sehr lange arbeiten?"
Klientin: „Das ist mein Erfolgsteil, die Seite in mir, die gerne Erfolg haben möchte."
Coach: „Wie sieht diese Seite aus? Welche Figur oder welches Symbol steht für diese Seite?"
Klientin: „Das ist eine Ameise – so eine, wie sie in dem Film Biene Maja vorkommt –, die da fleißig vor sich hin arbeitet und große Mengen bewältigt."
Coach: „Gut, welche anderen Seiten spielen in Bezug auf dieses Thema noch eine Rolle?"
Klientin: „Dann gibt es noch eine Seite, die für Genuss steht. Die hat andere Bedürfnisse und dazu fällt mir ein Bär ein. Der liegt dort ganz entspannt und gemütlich, während die Ameise weiterarbeitet. Und dann gibt es noch eine Seite, die für meine Disziplin steht, und die wird durch Fräulein von Rottenmeier aus dem Film Heidi repräsentiert. Die sieht in meiner inneren Vorstellung sehr streng aus."

Die Glucke und die Fee

Auf diese Weise entwickelt Frau Koch ein inneres Bild von einer Szene, in dem auch noch andere Persönlichkeitsanteile eine Rolle spielen und ihren Platz finden. Da gibt es noch die Seite mit dem Bedürfnis nach Akzeptanz und Gebrauchtwerden, die durch eine Glucke repräsentiert wird.

Im Verlauf des Prozesses wird durch diese lebhafte innere Szene deutlich, dass die verschiedenen Seiten in ihr noch nicht besonders gut zusammenarbeiten. Vielmehr macht jede Seite so ihr eigenes Ding, wie z.B. Frau Kochs kreative Seite, die voller Ideen steckt und hier durch eine Fee repräsentiert wird.

Das Thema Delegation

Im nächsten Schritt geht es um die Frage, auf welche andere Weise oder durch welche andere Möglichkeit die Ameise Erfolg haben kann. Da tauchen in Frau Kochs innerem Bild noch andere Ameisen auf, die nun mit „anfassen" und helfen, die großen Berge zu bewältigen.

Über den Weg der inneren Bilder rückt so das Thema Delegation in den Mittelpunkt des Coaching-Prozesses und Frau Koch entwickelt konkrete Ideen dazu, welche Aufgaben sie zukünftig delegieren wird.

3.5 Bilder, die Probleme schaffen

Wenn Menschen von ihren Problemen sprechen, dann geht dies aus der Sicht des NLP mit einer Problem-Physiologie einher. Auch wenn jeder Mensch eine andere Problem-Physiologie zeigt, kann diese von einem entsprechend ausgebildeten Coach wahrgenommen werden. Die problematische Situation, mit der ein Mensch sich aktuell beschäftigt, kann in der Vergangenheit liegen, sie kann in der Gegenwart stattfinden oder es kann auch sein, dass die betreffende Person sich eine problematische Situation in der Zukunft vorstellt. Die Beschäftigung mit dem Problem dient aus der Sicht des NLP und anderer lösungsorientierter Verfahren nur zur Informationsgewinnung. Im Anschluss daran sollte der Coach versuchen, den Klienten aktiv aus dem Problem-Zustand herauszuführen und den Prozess in Richtung Ziel- und Ressourcen-Arbeit zu lenken.

Liegt der Fokus der Wahrnehmung beim Klienten auf einem Problem, kann diese Aufmerksamkeitsfokussierung als ein Zusammenfügen verschiedener sinnlicher Erlebnisinhalte beschrieben werden. Dabei werden in der Wahrnehmung visuelle Elemente (innere und äußere Bilder oder Filme), auditive Elemente (innere und äußere Dialoge) und kinästhetische Eindrücke miteinander verbunden. Diese Verbindungen bilden zusammengefügte Muster, die sich hirnphysiologisch als Synapsen beschreiben lassen, und diese wiederum entstehen durch das aktive Feuern neuronaler Netzwerke (Schmidt 2005, S. 34).

Wenn es im Coaching darum geht, bisherige Überzeugungen, Haltungen und Erfahrungen zu verändern, dann arbeitet man auch an der Umformung innerer Muster. Werden negative Bilder übermächtig und damit denk- und handlungsbestimmend, dann ist das Ziel, diese immer enger werdenden Sackgassen zu öffnen und zu weiten und neue Spuren mithilfe neuer Bilder anzulegen.

Insofern ist es lohnenswert herauszufinden, welche inneren Bilder der betreffende Klient mit seiner Problem-Physiologie verbindet, um hier einen Ansatzpunkt für die Veränderungsarbeit zu finden. Manchmal sprechen Klienten diese inneren Bilder direkt oder indirekt an, indem sie metaphorische Beschreibungen für ihren Problemzustand finden.

Beispiele für metaphorische Beschreibungen eines Problemzustands:
➤ in einem Berg von Arbeit versinken,
➤ wie ein Hamster im Laufrad,
➤ sich in einer ausweglosen Situation sehen,
➤ kein Licht am Ende des Tunnels sehen.

Solche Umschreibungen sind wichtige Informationsquellen, die Hinweise darauf geben, mit welchem inneren Bild der Problem-Zustand des Klienten verbunden ist.

Ein Coach mit einer präzise geschulten Wahrnehmung kann jedoch anhand der Augenbewegungsmuster und anderer nonverbaler Hinweise erkennen, ob der Klient während des Gespräches gerade mit dem Wahrnehmen innerer Bilder beschäftigt ist. Solche Hinweise können z.B. nach oben gerichtete Augen oder ein in die Ferne gerichteter Blick sein.

Natürlich kann der Coach den Klienten auch direkt fragen, welches innere Bild er mit seinem Problem verbindet, um so einen Zugang zu bekommen.

Manche Menschen sind der Meinung, dass man problematische Situationen, die in der Vergangenheit geschehen sind, nicht mehr verändern kann. In gewisser Weise ist das natürlich richtig. Andererseits ist aber das, was uns belastet, nicht das, was real oder objektiv geschehen ist, sondern es sind die damit verbundenen Erinnerungen und damit auch die Bilder in unserem Kopf. Und diese inneren Bilder können wir verändern.

Bleibt der Fokus des Klienten für eine längere Zeit bei dieser Problemwahrnehmung, so werden die entsprechenden neuronalen Muster entsprechend verstärkt und gefestigt. Gerade deshalb ist es so wichtig, den Prozess in Richtung Ziele und Ressourcen zu lenken. So werden neue neuronale Muster in Form von inneren Bildern – quasi als Gegengewicht – aktiviert, auf die der Klient dann als bessere Alternative zurückgreifen kann.

Diese Art der Beschreibung neuronaler Prozesse passt sehr gut zu einer der wichtigsten Grundannahmen des NLP, der zufolge Veränderung geschieht, indem die geeigneten und passenden Ressourcen gefunden werden und letztendlich die Landkarte erweitert wird. Um das im Coaching zu erreichen, gibt es sehr unterschiedliche Möglichkeiten, von denen die Arbeit mit Imaginationen eine sehr effektive ist. Durch neue lösungs-, ziel- oder ressourcenorientierte Bilder wird ein bedeutsamer Unterschied im Vergleich zum Bekannten oder zum Problem erzeugt (Vössing 2005, S. 31).

Priming: assoziativ voraktiviertes Wissen

Welch starken Einfluss die Aufmerksamkeitsfokussierung auf das mentale und vor allen Dingen auch auf das physiologische Erleben eines Menschen hat, machen die sozialpsychologischen Forschungen zum Thema „Priming" deutlich. Der Begriff Priming beschreibt eine Bahnung von Assoziationen. Durch einen unbewusst wahrgenommenen Reiz findet eine assoziative Voraktivierung von Wissen statt. Anders formuliert ist Priming eine Aufmerksamkeitsfokussierung, durch die unbewusst physiologische und emotionale Reaktionen aktiviert werden können (Schmidt 2005, S. 40).

Ein beeindruckendes Beispiel bietet die als „Einstellungs-Experiment" bekannt gewordene Untersuchung des Sozialpsychologen Bargh (1996), die Malcolm Gladwell (2005) in seinem Buch „Blink!" beschreibt. Die Forscher bildeten für dieses Experiment verschiedene Gruppen, bei denen die Teilnehmenden relativ homogene Voraussetzungen mitbrachten, unter anderem auch bezüglich ihrer körperlichen Befindlichkeit. Einer dieser Gruppen wurden zusammenhanglose Wörter vorgelegt, aus denen ganze zusammenhängende Sätze gebildet werden sollten. In diese Wortgruppen waren jedoch Begriffe eingestreut, die Assoziationen zum Thema Alter nahelegten, wie beispielsweise langsam, still, besorgt, einsam, zurückziehen, runzeln oder grau. Andere Gruppen bekamen die gleiche Aufgabe, allerdings mit Wortgruppen aus neutralen Themen.

Untersucht wurde in diesem Experiment jedoch nicht, welche Gruppe mehr Sätze gebildet hatte oder wie lange der Prozess der Satzbildung dauerte. Es wurde die Dauer der Zeit gemessen, die die Probanden der jeweiligen Gruppen nach der Durchführung der Aufgabe benötigten, um über den langen Flur bis zum Ausgang des Gebäudes zu gelangen. Dabei wurde deutlich, dass die Teilnehmer, denen Worte zum Thema Alter angeboten worden waren, für den Weg zum Ausgang länger brauchten als die Teilnehmer aus den „neutralen" Gruppen. Sie gingen den Flur deutlich langsameren Schrittes hinunter als bei ihrer Ankunft. Nach Abschluss des Tests verhielten sie sich wie alte Menschen.

Während ihr Bewusstsein mit der Aufgabe des Sätzebauens beschäftigt war, waren sie unbewusst durch das Priming mit dem Thema Alter beschäftigt. Durch diesen Fokus wurden offenbar sehr wirksame neuronale Bahnungen aktiviert, die zu einer anderen, „älteren" Physiologie führten, ohne dass die betreffenden Personen dies bewusst angestrebt hätten.

Diese Art des Priming zeigt übrigens viele Übereinstimmungen mit der Erickson'schen Hypnotherapie oder mit dem Konzept des „Solution Talk" von Steve des Shazer. Bei beiden Konzepten werden Kommunikationsprozesse so gestaltet, dass immer wieder die Themen und Wörter fokussiert werden, die den gewünschten Ergebnissen dienen (Schmidt 2005, S. 41).

Auf dem Hintergrund der Untersuchungen zum Priming und des Konzeptes der Aufmerksamkeitsfokussierung ist es interessant darüber nachzudenken, welche Arten des Priming im jeweiligen Coaching-Prozess besonders hilfreich sein könnten.

Dissoziationstechnik

Im nun Folgenden steht die Frage im Mittelpunkt, wie sich die Arbeit mit inneren Bildern im Sinne des Priming gezielt nutzen und gestalten lässt, um die Aufmerksamkeit des Klienten auf Ressourcen und Ziele zu fokussieren.

Hierfür ist zunächst sehr wichtig, aus welcher Position heraus ein Mensch bestimmte Phänomene wahrnimmt, denn die jeweilige Wahrnehmungsposition entscheidet darüber, wie viel Nähe oder Abstand jemand zu etwas hat. Nähe oder Distanz wiederum haben einen entscheidenden Einfluss auf die Wirkung, d.h. darauf, ob wir etwas als angenehm oder unangenehm erleben. Wenn wir bestimmte Situationen stark assoziiert oder mit allen Sinnen erleben, nehmen wir das Fokussierte als ausschließliche Wirklichkeit wahr und zeigen die entsprechenden psychischen und körperlichen Reaktionen.

Eine grundsätzlich sehr hilfreiche Intervention bei der Arbeit mit problemerzeugenden inneren Bildern ist die aus dem NLP bekannte Dissoziationstechnik, in der es darum geht, durch eine dissoziierte visuelle Erinnerung eine bestimmte Szene von außen zu betrachten. Die betreffende Person sieht sich dann selbst in einer bestimmten Situation agieren. Gerade bei sehr belastenden Erfahrungen, die mit einer starken emotionalen Beteiligung verbunden sind, ist das eine gute Möglichkeit, Abstand zur Situation herzustellen und damit auch negative Gefühle zu reduzieren. Die betreffende Person wird angeleitet, aus dem Problem herauszugehen oder sich davon zu entfernen, was oft rasch als entlastend empfunden wird und mit einer deutlichen Änderung der Physiologie verbunden ist.

Als methodische Unterstützung eignet sich die Leinwand-Technik sehr gut, bei der der Klient dazu eingeladen wird, sich mental ins Kino zu begeben. Er kann dort in einem bequemen Sessel Platz nehmen oder sich mental sogar in den Vorführraum begeben und von dort aus durch eine Glasscheibe die Szene anschauen. Die Variante des Vorführraumes eignet sich besonders, wenn der Abstand zur entsprechenden Szene noch vergrößert werden soll. Durch dieses Setting können sich die meisten Menschen sehr leicht in eine Beobachterposition begeben und die entsprechende Situation mit Abstand betrachten.

Diese Technik eignet sich meiner Erfahrung nach besonders gut, um Erfahrungen zu analysieren und zu bearbeiten, die mit Konflikten oder Kränkungen verbunden sind.

3.5.1 Konfliktstärke entwickeln

Der Ausgangspunkt für diese Arbeit ist ein Konflikt oder eine schwierige, spannungsreiche Situation mit einer anderen Person, die der Klient gerne bearbeiten möchte. Das Ziel kann zum einen darin bestehen, Klarheit in Bezug auf dieses Konfliktthema zu schaffen, aber auch darin, Handlungsalternativen für die Zukunft zu entwickeln.

1. **Das Imaginationssetting einrichten:** Zu Beginn bittet der Coach den Klienten, sich mental ins Kino zu begeben, sich einen schönen Platz auszusuchen, den passenden Abstand einzustellen und vor seinem inneren Auge eine Leinwand wahrzunehmen. Zusätzlich kann diese Phase des Prozesses noch mit einer Ressource angereichert werden. Hierfür wird der Klient gebeten, an etwas besonders Schönes oder Angenehmes zu denken, wie beispielsweise einen besonders schönen Ort oder an etwas, das der Klient besonders gerne macht. Coach und Klient merken sich gemeinsam ein Wort für diese Ressource, wie beispielsweise „rudern" oder „Hotel am Ammersee", um nötigenfalls schnell einen Zugang zu dieser Ressource zu haben.

2. **Die Konflikt-Szene aus der Beobachter-Position anschauen:** Der Klient wir nun gebeten, sich die konflikthafte Szene zwischen den beiden Personen mit dem passenden Abstand als Zuschauer anzuschauen. Dabei kann der Klient sich selbst und seinen Konfliktpartner auf der Leinwand sehen und beobachten, wie die beiden Konfliktpartner miteinander umgehen.

   Diese Perspektive wirkt entlastend und oft auch erhellend, da der Klient nun Dinge oder Details wahrnimmt, die er vorher nicht wahrgenommen hat. Dann wird die Szene mithilfe einiger systemischer und lösungsorientierter Fragestellungen ausgewertet.

   Coach: *„Welche Verhaltensweise finden Sie, mit Abstand betrachtet, an Ihrem Konfliktpartner besonders störend in dieser Situation?"* (Beispiel: *„Er redet sehr laut und überschüttet mich/die Person dort mit Vorwürfen."*)
   „Was ist Ihre Reaktion in der Szene als Antwort auf diese Vorwürfe?" (Beispiel: *„Ich selbst rede eher leise und verteidige mich."*)
   „Was könnte die positive Absicht hinter dem Verhalten der anderen Person sein?" (Beispiel: *„Sie möchte dafür sorgen, dass das Projekt mit einem guten Ergebnis zu Ende gebracht wird."*)
   „Welche Ihrer Ressourcen, die Ihnen hier zur Verfügung stehen, können Sie in diese Situation hineinbringen, damit es Ihnen besser geht und um eine Lösung zu entwickeln?"

(Beispiel: „Gelassenheit und die Fähigkeit, die eigenen Interessen ruhig und souverän zu vertreten.")

3. **Die Szene auf der Leinwand mit Ressourcen anreichern:** Die Szene auf der Leinwand wird nun mit Ressourcen angereichert, indem der Klient sich selbst in dem Bild die entsprechenden Ressourcen schenkt. Dies kann auch – wie in Kapitel 3.7.1 – mithilfe des Feenstabes und der dazugehörigen Farben geschehen.

   Coach: *„Bitte schenken Sie nun sich selbst in dem Bild so viel von der Ressource, wie es nötig ist, und lassen Sie sich überraschen, welche positiven Veränderungen dadurch entstehen."*

4. **Zufriedenheits-Check:** Der Klient schaut sich die mit Ressourcen angereicherte Szene und die damit verbundenen Veränderungen an und prüft, ob er damit zufrieden ist oder ob noch weitere Veränderungen notwendig sind.

   Coach: *„Bitte schauen Sie sich die Szene an und prüfen Sie, ob Sie damit so zufrieden sind oder ob Sie noch weitere Ressourcen hinzufügen wollen."*

5. **Future Pace:** Im letzten Schritt begibt sich der Klient in die Szene und testet im Sinne einer mentalen Probefahrt noch einmal, ob die Veränderung auch aus dieser Perspektive zufriedenstellend ist.

   Coach: *„Bitte begeben Sie sich nun in die Szene hinein und erleben Sie sie aus dieser Perspektive."*

3.5.2. Positive Gegenbilder aufbauen

Eine weitere sehr effektive Möglichkeit des Umgangs mit inneren „Problembildern" besteht darin, im Coaching bewusst und gezielt positive Gegenbilder zu entwickeln. Durch den Aufbau positiver Bilder entsteht eine Musterunterbrechung und im wahrsten Sinne des Wortes eine Alternative.

Viele negative Bilder werden nicht bewusst erzeugt, sondern sie entstehen unbewusst, tauchen einfach auf und stellen einen Teil der Problem-Physiologie dar. Manchmal wird dem Klienten erst im Coaching bewusst, welches innere Bild mit dem entsprechenden Problem verbunden ist und welche Gefühle dieses Bild auslöst.

Ein positives Gegenbild aufzubauen ist eine sehr einfache und zugleich effektive Technik, bei der der Klient zudem seine Fähigkeiten des mentalen Selbstmanagements stärkt.

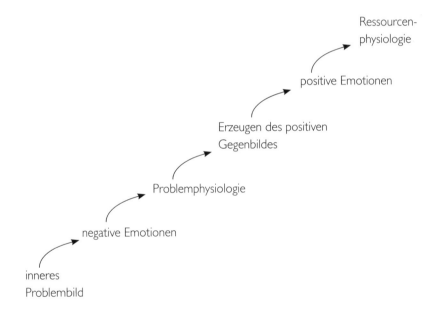

Abb. 8: Musterunterbrechung durch positive Gegenbilder

Beschreibung der Technik

1. **Das Problembild kurz bewusst wahrnehmen:** Im ersten Schritt macht sich der Klient das Bild, das sein Problem repräsentiert, kurz bewusst und nimmt wahr, welches Gefühl mit diesem Bild verbunden ist.

Coach: *„Bitte schauen Sie sich nur kurz das Bild an, das mit der problematischen Situation verbunden ist. Spüren Sie in Ihren Körper hinein und nehmen Sie wahr, welches Gefühl mit diesem Bild verbunden ist."*

2. **Das Problembild verändern oder entfernen:** Nun wird der Klient gebeten, das Bild in seiner inneren Vorstellung weiter wegzuschieben oder es mithilfe einer realen oder imaginären Fernbedienung auszuschalten. Gleichzeitig wird der Klient gebeten wahrzunehmen, inwiefern sein Gefühl verändert wird.

Coach: *„Sie können nun das Bild weiter wegschieben, Sie können es verkleinern oder Sie können es auch – genauso wie einen Fernseher – ausschalten. Bitte spüren Sie in Ihren Körper hinein und nehmen Sie wahr, wie sich das Gefühl verändert."*

3. **Ein positives Bild entwickeln:** Dann wird der Klient eingeladen, ein positives ressourcenreiches Bild zu entwickeln. Das kann eines sein, das auch inhaltlich ein Gegengewicht darstellt, wie beispielsweise ein fauler Hamster am Strand als Gegenbild zu dem häufig zitierten Hamster im Rad. Das positive Gegenbild muss aber inhaltlich nichts mit dem Problembild zu tun haben. Es kann genauso gut ein blühender Garten oder eine schöne Landschaft sein.

Coach: *„Bitte stellen Sie sich nun als Kontrast ein besonders schönes, positives Bild vor. Sie können sich das Bild aussuchen, das Ihnen am besten gefällt. Und nehmen Sie nun bitte wahr, welches Gefühl mit diesem Bild verbunden ist."*

4. **Den Umgang mit inneren Bildern bewusst steuern:**

Coach: *„Sie haben nun verschiedene Möglichkeiten des Umgangs mit inneren Problembildern kennengelernt. Wann immer Sie innerlich ein Bild wahrnehmen, das belastend oder bedrückend für Sie ist, können Sie bewusst Abstand zu diesem Bild erzeugen oder Sie können ein anderes positives Bild wahrnehmen ... Und Sie können wahrnehmen, wie sich dadurch Ihr Gefühl in eine positive Richtung verändert ..."*

Auf diese Weise erkennt der Klient, dass er seinen inneren Bildern nicht ausgeliefert ist, und er vertieft seine Fähigkeit des bewussten Umgangs mit selbigen. Darüber hinausgehend verbessert er seine Fähigkeiten des mentalen Selbstmanagements.

3.5.3. Metaphern nutzen

Beim Thema „innere Bilder" spielen Metaphern, die man sehr gut für die Veränderungsarbeit nutzen kann, eine große Rolle.

Der ursprüngliche Wortsinn des Begriffes Metapher liegt in dem griechischen Wort „metapherein". „Meta" bedeutet über, und „pherein" wird mit tragen oder bringen übersetzt. Das bedeutet, dass etwas in einer übertragenen Form oder stellvertretend für etwas anderes beschrieben wird.

Eine Metapher hat keine Bedeutung an sich, sondern die Bedeutung wird ihr vom jeweiligen Benutzer oder Zuhörer zugeschrieben; somit ist eine Metapher eine Art der Realitätskonstruktion und eine Facette der individuellen Landkarte. Durch eine Metapher wird ein bestimmtes Ereignis in ein visuelles Erleben umgewandelt und dadurch werden die entwicklungsgeschichtlich vorsprachlichen Teile des Gehirns angesprochen. Gerade deshalb bieten Metaphern besonders hilfreiche Interventionschancen. Diese bildhaften Beschreibungen können ein Problem repräsentieren, wie die folgenden Redewendungen deutlich machen: „Es hat mich wie ein Schlag getroffen", „Eine schwere Last auf den Schultern", „Man sitzt in der Klemme", „Wie eine Katze um den heißen Brei schleichen".

Auf der anderen Seite bieten Metaphern ein sehr großes kreatives Potenzial und damit vielfältige Chancen zur Lösungsfindung. So standen beispielsweise Ingenieure, die Pinsel aus Kunstfasern entwickeln sollten, zunächst vor einem scheinbar unlösbaren Problem, denn Pinsel müssen die Eigenschaft haben, Flüssigkeit sowohl aufzunehmen als auch abzugeben. Schließlich hatte einer der Ingenieure die zündende Idee. Metaphorisch beschrieb er Pinsel als Pumpen, denn sie speichern und befördern durch Kapillarkräfte Flüssigkeit, bis diese durch den Druck der Pinselhaare wieder freigegeben wird. Durch die Übertragung des Bildes „Pinsel sind wie Pumpen" auf das neu zu entwickelnde Produkt, entstand ein schöpferischer Suchprozess und die Aufgabe wurde letztendlich erfolgreich gelöst.

Im Coaching ist die Arbeit mit Metaphern in vielerlei Hinsicht nützlich:
➤ Man kann Problemmuster in einer bisher nicht üblichen Form beschreibbar machen und durch neue Bilder eine Musterunterbrechung erreichen.
➤ Man kann durch ganz neue Metaphern zieldienliche Entwicklungen unterstützen.
➤ Metaphern wirken quasi automatisch als Maßnahmen der Dissoziation, denn beim Betrachten der Metapher begibt man sich auf eine Meta-Ebene und man bekommt Abstand zum Problemerleben.

➤ Man kann Metaphern mit Humor und wertschätzenden Übertreibungen garnieren. Problemmuster werden so auf eine spielerische Ebene gebracht und sind leichter lösbar (vgl. Schmidt 2005 c).

Grundsätzlich sind bei der Arbeit mit Metaphern und Imaginationen im Coaching zwei Zugänge denkbar:

1. Der Klient beschreibt sein Anliegen oder Thema bereits mit einer Metapher. Dann liegt es nahe, diese Metapher aufzugreifen und den Klienten zur Imagination einzuladen.

2. Falls der Klient sein Anliegen nicht im metaphorischen Sinne beschreibt, bittet der Coach den Klienten, dazu eine Metapher zu entwickeln: *„Das ist wie ..."*

Im nächsten Schritt geht es dann darum, dieses Bild auf eine kreative und lösungsorientierte Weise zu verändern. Auch hier bieten sich verschiedene Möglichkeiten an:

➤ Man kann den Klienten bitten, Veränderung der Submodalitäten vorzunehmen, beispielsweise das große Arbeitspaket auf das Format einer Streichholzschachtel zu verkleinern.

➤ Man kann dem Klienten einen anderen Kontext für die Metapher anbieten, beispielsweise für den viel zitierten Hamster im Rad einen Liegestuhl.

➤ Man kann dem Klienten eine andere Metapher als Angebot vorschlagen, beispielsweise die eines Wanderers, der Teilziele erreicht und dort schöne Aussichtspunkte genießt.

➤ Die nach meiner Erfahrung eleganteste und einfachste Möglichkeit jedoch besteht darin, die Metapher mit der Wavivid-Methode (s. Kapitel 2.5) zu bearbeiten. Die Bilder entwickeln sich dann scheinbar wie von selbst weiter und es entstehen neue und nützlichere Metaphern, die die Lösung beinhalten.

3.6 Bilder, die Klarheit schaffen

3.6.1. Einen Blick in die Zukunft werfen – die Als-ob-Imagination

Ein wesentlicher Teil der Arbeit im Coaching hat mit zukunftsorientierten Themen zu tun, da Ziele im Coaching eine große Rolle spielen – und diese liegen ja per Definition in der Zukunft. Allerdings beginnen längst nicht alle Coaching-Prozesse zielbezogen. Häufig formulieren oder beschreiben Klienten zunächst Situationen oder Verhaltensweisen, die sie verändern möchten. So ist der Ausgangspunkt oft problemorientiert, und der Klient formuliert einen mehr oder weniger konkreten Veränderungswunsch.

Eine der ersten Aufgaben im Coaching-Prozess besteht also fast immer darin, gemeinsam mit dem Klienten Ziele zu erarbeiten, wobei nach meiner Erfahrung das richtige Timing eine wichtige Rolle spielt. Es macht keinen Sinn, Ziele zu früh zu formulieren, denn das kann aufseiten des Klienten zu Einwänden führen. Möglicherweise fühlt der Klient sich nicht ausreichend verstanden und ernst genommen, da er noch an einem anderen Punkt, nämlich bei der Problembeschreibung ist. Da klar formulierte Ziele immer eine Verbindlichkeit oder ein Commitment erfordern und stets mit Veränderungen und konkreten Schritten verbunden sind, ist es möglich, dass der Klient sich zu diesem frühen Zeitpunkt noch nicht darauf festlegen möchte.

In solchen Situationen kann es für den Klienten sinnvoll und entlastend sein, in einem „Als-ob-Rahmen" ein noch völlig unverbindliches Zukunftsszenario zu entwerfen und zu imaginieren. Der Als-ob-Rahmen nutzt die menschliche Fähigkeit zur Simulation – also so zu denken und zu handeln, „als ob" bestimmte Situationen eingetreten oder wahr wären. Dabei spielen sowohl Vorstellungskraft als auch gezielte Imaginationstechniken eine entscheidende Rolle, denn Simulationen sind ohne innere (Vor-)Bilder nicht denkbar. Im Rahmen des Lernens am Modell tun Menschen so, „als ob" sie eine andere Person wären, in deren Rolle sie schlüpfen und so einen Zugang zu einer ganz anderen Perspektive mit neuen Informationen und Fähigkeiten bekommen.

Manchmal wird der Als-ob-Rahmen im Coaching eingesetzt, um Abstand zu einer belastenden Erfahrung zu bekommen und in die Beobachterperspektive zu wechseln. Der Klient wird dann gebeten, so zu tun, als ob er außerhalb dieser Situation wäre und dieses Ereignis aus der Beobachterposition betrachten könnte.

Wenn wir im Coaching Ressourcen aus der Vergangenheit des Klienten aktivieren, wie beispielsweise eine besonders erfolgreiche Präsentation oder ein erfolgreich abgeschlossenes Projekt, nutzen wir auch den Als-ob-Rahmen, denn wir bitten den Klienten, intensiv an diese Situation zu denken und so zu tun, als ob er diese Situation hier und jetzt wieder erleben könnte.

Diesen Interventionen liegt die Annahme zugrunde, dass unser Gehirn nur unvollständig zwischen einer Vorstellung (der Simulation) und einem real stattfindenden Ereignis (der Realität) unterscheiden kann. In beiden Fällen reagiert das Nervensystem, als ob etwas jetzt wirklich passieren würde (Ötsch; Stahl 1997, S. 14).

Beispiel:

Bei der folgenden „Als-ob-Imagination" wird dieser hypothetische Rahmen ganz bewusst mit einer angeleiteten Imagination verknüpft. Dabei geht es nicht darum, ein klar und verbindlich definiertes Ziel zu imaginieren, sondern vielmehr um ein mentales Probehandeln in der Fantasie. Den meisten Menschen fällt es leichter, sich etwas recht unverbindlich vorzustellen und in der inneren Vorstellung eben nur so zu tun als ob – eine Fähigkeit, die bei der Als-ob-Imagination gezielt genutzt wird. Das methodische Imaginationssetting ist dabei das gleiche, nur der Rahmen, das heißt die Umstände, die der Klient um das Thema herum konstruiert, sind andere.

Das nun folgende Beispiel verdeutlicht, wie sich die Als-ob-Imagination am Beginn eines Coaching-Prozesses gerade auch zur Klärung eines Themas oder einer Situation einsetzen lässt (Vössing 2005, S. 77).

Frau Winkler ist eine engagierte Lehrerin, die über die reine Unterrichtstätigkeit hinaus an ihrer Schule einige andere Aufgaben wahrnimmt. Vor Kurzem war die Stelle der Schulleitung neu ausgeschrieben und mit einer Kollegin von Frau Winkler besetzt worden. Frau Winkler bat mich recht kurzfristig um einen Coaching-Termin. Es sei dringend, sagte sie, denn sie sei recht verwirrt und enttäuscht in Bezug auf diese neue Situation.

Sie stieg gleich in ihr Thema ein. Sie sei ausgesprochen enttäuscht und wütend darüber, dass die Besetzung der Stelle quasi an ihr vorbei vorgenommen wurde. Außerdem sei ihre Kollegin ihrer Meinung nach keinesfalls besser qualifiziert. Gleichzeitig habe sie Schuldgefühle, da sie ihrer Kollegin die Beförderung nicht gönne. Außerdem wundere sie sich selbst über ihre starke emotionale Reaktion.

Nachdem Frau Winkler ihren Unmut geäußert hatte, bat ich sie in einem rein hypothetischen Rahmen darum, sich selbst in der Rolle der Schulleitung vorzustellen.

Sie entwickelte in ihrer inneren Vorstellung ein Bild, auf dem sie sich auch tatsächlich selbst als Schulleitung sah. Dann begann Frau Winkler mir das Bild zu beschreiben: „Ich sehe mich dort wirklich als Schulleitung und stehe im Büro am Fenster und schaue hinaus. Es ist niemand sonst in dem Büro, ich bin dort ganz alleine. Aus der Entfernung höre ich Stimmen, die Stimmen der Kollegen, aber die sind alle draußen."

Ich fragte Frau Winkler dann nach den Submodalitäten des Bildes. Sie beschrieb mir das Bild als recht klein und dunkel, jedoch mit einer Tiefe ausgestattet. Es sehe so ähnlich aus, als blicke man in einen Tunnel hinein. Ihr wurde bewusst, dass das Bild nicht besonders attraktiv auf sie wirkte, und sie kam zu dem Schluss, dass das Bild eher enttäuschend sei und sie traurig mache. Nach eine Weile sagte Frau Winkler: „Ich glaube, ich weiß auch, warum mich das Bild traurig macht. Ich bin dort ganz allein und entfernt von den Kollegen. Schulleitung zu sein ist wohl ein einsamer Job, denn dann habe ich ja gar keine Kollegen mehr. Ich weiß gar nicht, ob ich diesen Preis dafür bezahlen will."

Mithilfe der Als-ob-Imagination wurde Frau Winklers Ambivalenz in Bezug auf die Leitungsrolle sehr rasch deutlich. Das für sie zunächst unverständliche Problem konnte durch das Bild geklärt werden. Der Fokus des Klagens über andere wurde in Richtung Reflexion der eigenen Wünsche und Ziele verschoben. Zum anderen hatten wir auf diese Weise sehr rasch den folgenden Glaubenssatz zum Thema Leitung herausgearbeitet: „Leitungs- und Führungskräfte sind einsam."

3.6.2. Systeme und Themen externalisieren

Bisher standen Bilder oder Imaginationen in der inneren Vorstellung des Klienten im Mittelpunkt. Indem Coach und Klient über diese inneren Bilder sprechen, wird es für den Coach möglich, die Bilderwelt des Klienten nachzuvollziehen oder zu teilen. Eine andere Variante der Arbeit mit inneren Bildern besteht darin, sie mithilfe von Skizzen, Visualisierungen, Gegenständen oder auch Symbolen nach „draußen" zu bringen und so zu externalisieren. Der Vorteil der Externalisierung liegt darin, dass der Klient von außen auf sein symbolisiertes oder skizziertes Thema blicken kann. Er bekommt Abstand – er dissoziiert sich – und begibt sich quasi in eine Beobachterposition. Die emotionale Beteiligung in Bezug auf das Thema wird verringert, und es ist leichter für den Klienten, Verstrickungen innerhalb dieses Systems zu erkennen (Schmidt-Tanger; Stahl 2005, S. 211).

Ich halte diese Vorgehensweise gerade dann für nützlich und hilfreich, wenn sich das zu bearbeitende Thema für den Klienten zunächst als sehr verworren, unklar und konturenlos darstellt. Ein weiterer Nutzen besteht darin, dass Coach und Klient meist sehr rasch – eben auf einen „Blick" – das entsprechende Thema erfassen können. Beide können durch Verschieben der Gegenstände oder durch neue, zusätzliche Visualisierungselemente Veränderungsvorschläge direkt umsetzen und die dazugehörigen Effekte wahrnehmen und besprechen.

Einige methodische Vorschläge:

➤ Der Coach bittet den Klienten, ein Organigramm oder eine andere Art der Visualisierung seines Arbeitsbereiches oder seiner Abteilung am Flipchart oder auf einen Block zu zeichnen.

Coach: *„Mein Vorschlag ist, dass wir das, was Sie mir gerade erzählen, einmal visualisieren. Bitte zeichnen Sie eine Skizze oder ein Organigramm dazu. Welcher Aspekt in diesem Bild ist der aktuellste, der wichtigste (problematischste, einfachste) für Sie?"*

➤ Der Coach kann die Visualisierung für den Klienten übernehmen und zu dem, was er (der Coach) verstanden hat, eine Skizze anfertigen. Der Klient kann anschließend Vorschläge machen oder Korrekturen vornehmen. Durch die Visualisierungen des Coachs bekommt der Coachee als Feedback ein neues oder anderes Bild präsentiert, das möglicherweise schon zu neuen Sichtweisen und Erkenntnissen führt.

Coach: *„Ich möchte das, was Sie mir gerade erzählen, einmal visualisieren – so wie ich es verstanden habe. Bitte schauen Sie zuerst zu, Sie können dann gerne Veränderungsvorschläge machen."*

➤ Ein bestimmtes Thema oder System lässt sich nicht nur mithilfe von Skizzen oder Zeichnungen sichtbar machen, sondern auch mithilfe von Gegenständen oder Figuren.

Das können extra für den Bereich Coaching entwickelte Medien, wie beispielsweise Figuren oder geometrische Formen sein, die auf einer Scheibe angeordnet werden. Das können aber auch normale Spielzeugfiguren sein oder ganz gewöhnliche Alltagsgegenstände, die gerade im Coaching-Raum des Hotels zur Verfügung stehen, wie beispielsweise kleine Getränkeflaschen, Tassen oder die Zuckerdose.

Durch die Aufstellungsarbeit mit Gegenständen, die dann bestimmte Personen oder Themen symbolisieren, kann ein weiterer Aspekt noch stärker berücksichtigt werden: der Abstand zwischen den Gegenständen und dessen Bedeutung für den Coachee. Im Gegensatz zu einer Skizze oder einem Bild am Flipchart hat ein Bild, das aus aufgestellten Gegenständen besteht, eine Tiefe, das heißt, es ist dreidimensional. Der Abstand der Gegenstände zum Betrachter hat meist eine besondere Bedeutung. Etwas, das sehr weit hinten steht, ist im Moment vielleicht nicht so wichtig. Etwas, das hingegen weit vorne steht, symbolisiert möglicherweise das dringendste Problem. Nicht umsonst heißt es ja auch: „Etwas links liegen lassen" oder „Dieses Thema ist in den Vordergrund gerückt". Auch in diesem Zusammenhang ist es aus meiner Sicht sehr wichtig, dass der Coach keine vorschnellen Interpretationen oder Deutungen vornimmt, sondern aus einer fragenden, erkundenden und lösungsorientierten Haltung heraus agiert.

Hierzu bieten sich die entsprechenden Fragetechniken an:

Fragen nach Bedeutungen
Coach: *„Was bedeutet es für Sie, dass das Element X oben rechts in der Ecke steht?"*
„Welche Bedeutung hat für Sie der Abstand zwischen den Elementen A und B?"

Präzisierende Fragen
Coach: *„Was genau ist problematisch an dem geringen Abstand zwischen A und B?"*
„Was geschieht, wenn Sie den Abstand vergrößern? Wie wirkt das auf Sie?"

Fragen nach dem Ziel

Coach: *„Wenn dieses Bild den Ist-Zustand repräsentiert, wie würde dann Ihr persönliches Zielbild aussehen?"*

Fragen nach Ressourcen

Coach: *„Welche Ressourcen können Sie in Ihrem Bild entdecken?"*

Fragen nach dem Veränderungswunsch

„Welche Elemente des Bildes möchten Sie verändern und welche möchten Sie so belassen?"

Fragen nach Effekten

„Was glauben Sie, welche Effekte diese Veränderungen in Bezug auf Ihr Thema haben?"

Durch die Symbolisierung und das jeweilige dreidimensionale Bild gewinnt der Klient oft weitergehende Erkenntnisse oder Einsichten, weshalb diese Methode von vielen Klienten im wahrsten Sinne des Wortes als erhellend erlebt wird.

Beispiel:

In einer meiner Coachingausbildungen ergab sich im Rahmen einer Gruppenarbeit ein sehr anschauliches Beispiel. Ute, eine Teilnehmerin, die freiberuflich im Bereich Coaching und Management-Training arbeitete, berichtete, wie sie einmal als Klientin das Thema „Unzufriedenheit in der Zusammenarbeit mit meinem Trainernetzwerk" in eine Coaching-Einheit eingebracht hatte:

Die Beschreibung des Anliegens war zunächst noch recht vage. Ihr Coach und sie arbeiteten zu diesem Thema mit aufgestellten Gegenständen und hatten sich eine Schale mit Süßigkeiten ausgesucht. Nun wurden also verschiedene Themen- und Systembestandteile mithilfe von kleinen Schokoladentafeln, Frucht- und Schokobonbons oder Müsliriegeln repräsentiert.

Hierdurch wurde sehr rasch eine Konkretisierung des Anliegens möglich und Ute sagte: „Jetzt weiß ich, was mich daran stört. Ich habe das Gefühl, ich gebe eine Schokoladentafel in das Netzwerk hinein und bekomme nur einen Schokobonbon zurück."

So wurde rasch klar, dass Ute die Zusammenarbeit mit den Trainerkollegen als unausgewogen erlebte. Als Ziel benannte sie deshalb im nächsten Schritt eine für sie ausgewogene Zusammenarbeit. Dieses Ziel wurde dann im weiteren Verlauf der Coaching-Einheit konkretisiert, und Ute entwickelte gemeinsam mit ihrem Coach konkrete Schritte zur Umsetzung.

Beziehungsdynamische Organigrammanalyse

Eine spezielle Methodik im Zusammenhang mit der Externalisierung von Systemen ist die beziehungsdynamische Organigrammanalyse (Pohl; Wunder 2001, S. 81–85). Sie eignet sich besonders für den Einstieg in einen Coaching-Prozess, da Coach und Klient sehr rasch einen guten Überblick über das Heimatsystem des Klienten bekommen.

Schritt 1: Der Coachee wird gebeten, seine aktuelle berufliche Situation und Positionierung in Form eines Organigramms auf einer Metaplanwand zu visualisieren. Da die Entwicklung eines Organigramms den meisten Führungskräften bekannt und vertraut ist, wird der Coachee auf diese Weise gut „abgeholt" und es entsteht eine Atmosphäre der Sicherheit und Klarheit. Die Visualisierungen, die für beide an der Wand sichtbar sind, schaffen zusätzlich Transparenz. Daraus entsteht rasch ein komplexes Bild oder eine Landkarte mit zahlreichen Namen und Positionen.

Schritt 2: Im nächsten Schritt wird der Coachee gebeten, den Arbeitsbeziehungen zwischen ihm und den anderen Personen eine Qualität zuzuordnen. Dabei werden positive Beziehungen, die sich durch Interesse, offene Kommunikation und Wertschätzung auszeichnen, mit einem grünen Punkt gekennzeichnet. Personen, zu denen der Coachee eine indifferente oder unklare Arbeitsbeziehung hat, werden mit einem gelben Punkt gekennzeichnet und Personen, zu denen eine negative oder konflikthafte Arbeitsbeziehung besteht, werden mit einem roten Punkt gekennzeichnet. Mithilfe dieser vom Coachee visualisierten Landkarte werden Wahrnehmungen und komplexe Systemdynamiken sichtbar und leichter bearbeitbar gemacht.

Schritt 3 – Fragestellungen: Im nächsten Schritt können Coach und Klient mit den folgenden Fragestellungen weiterarbeiten:
Welche Arbeitsbeziehung möchte der Klient so belassen?
Welche Arbeitsbeziehung möchte er verändern? Wie? Wann?

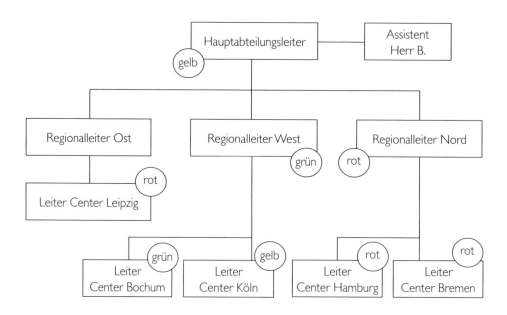

Abb. 9: Beziehungsdynamische Organigrammanalyse

3.7 Bilder, die Kraft spenden – innere Bilder als Ressourcen

3.7.1. Feen, Cheerleader, Mentoren und andere helfende Wesen

Im NLP und in anderen lösungsorientierten Beratungs- und Coaching-Methoden besteht Einigkeit darüber, wie wichtig Ressourcen für eine gelungene und erfolgreiche Veränderungsarbeit sind. Durch das Hinzufügen von Ressourcen – so die Grundannahme – werden die Zielerreichung und die damit verbundene Veränderung erst möglich.

Ressourcenorientiertes Arbeiten bedeutet, den Blick nicht auf das zu lenken, was fehlt oder problematisch ist, sondern auf das, was da ist, was hilfreich und nützlich ist oder sein könnte. Es gibt ganz unterschiedliche Arten von Ressourcen; diese lassen sich in innere und äußere Ressourcen einteilen. Äußere Ressourcen sind beispielsweise finanzielle Mittel, aber auch andere Menschen, berufliche Netzwerke oder bestimmte Orte, an denen wir uns wohl- und sicher fühlen. Der Begriff „innere Ressourcen" wird häufig mit Fähigkeiten umschrieben, und in der Tat sind alle unsere Fähigkeiten, Begabungen und Talente Ressourcen. Sie sind einzelne Elemente unseres gesamten Potenzials. Darüber hinaus können die unterschiedlichsten inneren Bilder oder Vorstellungen sehr wichtige Ressourcen sein, selbst wenn wir uns dessen häufig gar nicht bewusst sind.

Der Neurobiologe Gerald Hüther beschreibt die Macht der positiven inneren Bilder so: „Es gibt kaum etwas Beglückenderes als diese leider viel zu seltenen Momente im Leben, in denen man spürt, wie der von den alltäglich zu lösenden Problemen gar zu eng gewordene Blick sich plötzlich wieder zu weiten beginnt, wie einem das Herz aufgeht und die Ideen übersprudeln. Solche Momente sind Sternstunden, in denen man eine Ahnung davon bekommt, wie es wäre, wenn ..., ja, genau ..., wenn man die Welt wieder so unbefangen und so vorurteilslos betrachten könnte wie ein Kind. [...] Was in diesen außergewöhnlichen Momenten im Gehirn passiert, ist jedoch durchaus nichts Ungewöhnliches. [...] Die Erzeugung neuer Ideen und Vorstellungen ist eine immanente Eigenschaft lernfähiger Gehirne." (Hüther 2005, S. 108).

Innere Begleiter

Ein Beispiel für diese inneren Bilder, die Ressourcen sein können und die den Blick wieder öffnen und weiten können, sind innere Begleiter, die in unserer Vorstellungswelt existieren. Die rationale Seite in uns hält es vielleicht für merkwürdig oder verrückt, etwas zu sehen, das gar nicht „wirklich" existiert. Auf der anderen Seite ist aber in unserer modernen, rationalen Welt die Entwicklung einer Vision in vielen Unternehmen ein völlig normaler Prozess, der parallel als Projekt zum Tagesgeschäft laufen kann. Auch hier wird ja in der Vorstellung von Menschen etwas entworfen oder gesehen, was in der Realität nicht existiert.

Für Kinder sind ihre inneren Begleiter oft etwas völlig Selbstverständliches. Sie haben unsichtbare Freunde und Spielgefährten, mit denen sie sprechen, wie der kleine Lillebror in der berühmten Geschichte „Karlson vom Dach". Erwachsene fragen sich dann oft sorgenvoll, ob das noch normal ist. Auch Fachleute hielten diese Kinder noch bis vor kurzer Zeit für schüchtern, zurückgezogen und irgendwie anders und ordneten dieses Phänomen als Halluzination ein, das ein Anzeichen für spätere Störungen sein könnte. Neuere Untersuchungen belegen jedoch das Gegenteil. Sie zeigen, dass solche Kinder erhebliche kreative und imaginative Fähigkeiten haben und sich besser in andere Menschen einfühlen können (Horsch; Speck 2005).

Der Arzt und Psychotherapeut Ben Furman beschreibt in seinem Buch „Es ist nie zu spät eine glückliche Kindheit zu haben", wie ausgesprochen wichtig die Fantasiewelt mit den entsprechenden inneren Begleitern gerade für die Menschen ist, die in einer schweren Kindheit viele negative und belastende Erfahrungen gemacht haben. So berichtet er beispielsweise von einer Frau, die als Kind unter traumatischen Erfahrungen litt und von ihrer Mutter keinerlei Unterstützung erhielt. „Psychologen haben mich oft nach Selbstmordgedanken gefragt und sich gewundert, wie ich ohne sie zurechtkam. Aber ich hatte als Kind eine Fantasie-Familie, die mich liebte. Von ihr bekam ich alles, was mir zu Hause fehlte." (Furman 2001, S. 27)

Und eine andere Frau, die von ihren Eltern getrennt aufwuchs, beschreibt ihre Art der Bewältigung so: „Ich hatte eine sehr lebhafte Fantasie. Ich dachte mir irgendwelche Spiele aus und zum Leidwesen meiner Großmutter redete ich mit meinem Spiegelbild. Mit fünf Jahren konnte ich lesen, ich wanderte oft in den Wäldern, lag auf meinem großen Stein und beobachtete die Wolken, ich sang laut und redete mit Fantasiewesen." (ebd.)

Engel

Ein anderes Beispiel für innere Begleiter sind Engel, ein in noch nicht allzu ferner Vergangenheit selbstverständliches Element in der religiösen Vorstellung unzähliger gläubiger Menschen. Darüber hinaus spielten sie im alltäglichen Denken und Handeln der Menschen eine feste Rolle, und Kinder wuchsen von klein auf mit Engeln als unsichtbaren Begleitern heran. Im neuen Testament wird von zahlreichen Engelerscheinungen berichtet und sie haben Künstler in den folgenden Jahrhunderten zu unzähligen bildlichen Darstellungen inspiriert.

Auch diese inneren Bilder sind in den Köpfen von Menschen entstanden und über Generationen weitergegeben worden. Engel stehen den Menschen ständig und in jedem Augenblick zur Seite, sie sind Mittler zwischen Himmel und Erde und als göttliche Boten haben sie die Aufgabe, Menschen zu beschützen. Auch in anderen Kulturen und Glaubenslehren als der christlichen existieren Vorstellungen von übernatürlichen Wesen oder Zwischenwesen, die sich auf halbem Weg zwischen dem Heiligen und dem Profanen, zwischen Himmel und Erde, zwischen Gott und Mensch aufhalten und die – genau wie Engel – die Funktion von Führern, Beschützern und Tröstern der Sterblichen haben (Giovetti 1991).

Seit Jahrtausenden also entwickeln Menschen positive innere Vorstellungen von helfenden und beschützenden Fantasiewesen, die ihnen als Ressourcen dienen. Diese symbolisieren Hilfe, Schutz, Unterstützung und positive Veränderungen. Die Fantasie und die Fähigkeit des inneren Sehens sorgen für die einzigartige Möglichkeit, Erfahrungen und Erlebnisse zu erschaffen, die die Wirklichkeit nicht bieten kann. Und wie die oben genannten Beispiele zeigen, greifen Menschen gerade in schwierigen Situationen auf individuell unterschiedlichste Weise auf diese Fähigkeit zurück.

Allerdings erschwert uns ein verengter problemorientierter Blick häufig den Zugang zu diesen Ressourcen. Deshalb kann im Coaching die Arbeit mit inneren Bildern sehr hilfreich und nützlich sein, um den Klienten dabei zu unterstützen, diesen Zugang wieder herzustellen. Die folgenden Ideen und methodischen Vorschläge helfen, Vorstellungen von Fantasiewesen (manchmal kann es auch eine real existierende Person sein, wie beispielsweise ein Mentor) als Ressourcen und Kraftquellen zu entwickeln, sodass die Bearbeitung des jeweiligen Themas erleichtert wird.

3.7.2. Eine gute Fee zurate ziehen

Eine Fee ist in unserer Vorstellung ein Fantasiewesen, das schon ewig lebt und das es gut mit den Menschen meint. Sie verteilt Gaben und ist für Wunscherfüllungen aller Art zuständig. Durch die Vorstellung einer guten Fee wird der Zugang zu Ressourcen und zum kreativen Potenzial eines Menschen erleichtert. Bei dieser Imaginationstechnik geht es darum, innere Bilder mithilfe einer guten Fee und den benötigten Ressourcen in eine positive, lösungsorientierte Richtung zu verändern (Vössing 2005, S. 125).

Beispiel: Softwarepräsentation

Frau Busch ist Leiterin eines IT-Projektes und möchte sich mithilfe eines Coachings auf eine Präsentation vorbereiten, die einen Kunden vom Nutzen einer speziellen Software überzeugen soll. Sie beschreibt den Kunden als recht anspruchsvoll. Sie gehe davon aus, sagt Frau Busch, dass es durchaus auch kritische Nachfragen geben könne. Es habe schon einige Vorgespräche gegeben und sie könne sich durchaus ein Bild von der Situation machen. Frau Busch sagt, sie sei fachlich sehr gut vorbereitet, ihr gehe es zusätzlich darum, sich mental optimal auf die Situation einzustellen.

Leinwand-Technik

Im ersten Schritt bitte ich Frau Busch, sich diese Situation auf einer inneren Leinwand als eine Szene oder einen Film vorstellen, und zwar so, wie sie sich den optimalen Ablauf vorstellt.

Frau Busch sieht sich an einem Tisch stehen, während sie ihre Präsentation hält. Ihr Publikum sitzt um den Tisch herum, schaut und hört ihr zu.

Nach einer Weile frage ich Frau Busch, wie sie die Szene findet und wie diese auf sie wirkt.

„Das ist schon ganz o.k. so", antwortet Frau Busch, *„aber irgendwie fehlt noch was, und ich habe das Gefühl, es könnte noch besser sein. Vielleicht liegt es daran, dass das Bild ein bisschen unbewegt und starr wirkt."*

Die gute Fee

Es gibt also ganz eindeutig noch Verbesserungsmöglichkeiten in Bezug auf diese innere Vorstellung und aus methodischer Sicht bedeutet das, dass geeignete Ressourcen fehlen und noch hinzugefügt werden müssen.

Im nächsten Schritt mache ich Frau Busch den Vorschlag, sich eine gute Fee vorzustellen und diese danach zu befragen, welche Ressource der Frau Busch in der Szene dort fehlt.

Coach: „Einmal angenommen, jetzt käme eine gute Fee mit lauter guten Gaben im Gepäck vorbei. Welche Fähigkeit würde die Fee der Frau Busch in der Präsentationsszene dort schenken?"

Frau Busch: *„Ich glaube, es ist so etwas wie Lockerheit oder eine entspannte Haltung. Wenn ich mir das Bild genauer anschaue, dann wirkt das alles etwas angespannt auf mich."*

Das Bild mit Farbe anreichern

Im nächsten Schritt geht es darum, dieser Ressource eine Farbe zuzuordnen und das Bild mit der Farbe anzureichern. Wichtig ist, dass die Klientin in der Szene genau das richtige Maß an Farbe erhält. Auch sollte die Farbe nicht zu weit entfernt von der entsprechenden Person angebracht sein, wie beispielsweise in einer Ecke des Raumes.

Zum Anbringen der Farbe verwendet die Klientin einen Feenstab. Dies kann durchaus ein realer Gegenstand sein, wie beispielsweise ein mit Glitzer gefüllter Stab oder ein Kugelschreiber. Dann gibt die Klientin mithilfe des Feenstabes in ihrer inneren Vorstellung die Farbe in das Bild hinein. Dieses Vorgehen ist deshalb besonders effektiv, weil die entsprechende Ressource dreifach sinnesspezifisch konkretisiert wird. Die Ressource hat einen Namen (auditiv), sie wird durch eine Farbe sichtbar (visuell) und sie wird durch eine Handlung hinzugefügt (kinästhetisch). Auf diese Weise wird die Ressource zusätzlich verstärkt.

Coach: *„Wenn die Ressource Lockerheit eine Farbe hätte, welche wäre das? Und wo am Körper von der Frau Busch dort in dem Bild würden Sie die Farbe anbringen?"*

Frau Busch entscheidet sich für die Farbe Gelb, weil diese für sie am besten zu der Ressource Lockerheit passt, und platziert die Farbe in Form eines Kreises auf dem Fußboden, an den Platz, an dem Frau Busch steht.

Frau Busch: *„Ja, es gibt schon eine weitere Veränderung in der Szene. Ich sehe mich selbst auf diesem hellgelben Fleck stehen und dadurch wirken meine Körperbewegungen automatisch lockerer. Auf diese Weise ist gleich mehr Bewegung ins Bild gekommen."*

Frau Busch macht einen sichtlich zufriedeneren Eindruck, als sie sich dieses Bild genauer anschaut. Sie lässt es eine Weile auf sich wirken und ich frage sie dann, welche Ressource die Frau Busch in der Szene noch gebrauchen könnte.

Frau Busch lächelt und sagt: *„Eine Prise Humor wäre sicher noch sehr nützlich."*

Wir verfahren weiterhin nach dem gleichen Prinzip und Frau Busch wählt für die Ressource Humor Hellblau aus. Um auch diese Farbe in das Bild zu bringen, entscheidet sie sich, der Frau Busch in der Szene ein hellblaues Halstuch anzulegen. Sie nimmt sich einen Moment Zeit, um sich genau anzuschauen, wie sich die Szene durch diese Veränderung weiterentwickelt.

Frau Busch: *„Nun gibt es noch eine weitere positive Veränderung in dieser Präsentationsszene. Ich sehe mich dort viel mehr lächeln und gerade konnte ich auf eine kritische Nachfrage des Kunden richtig humorvoll und entspannt reagieren. Und ich habe den Eindruck, dass meine positive Grundstimmung in dem Bild sozusagen ansteckend ist. Die Personen auf der Kundenseite wirken insgesamt lockerer und humorvoller. So bin ich voll und ganz mit dem Bild zufrieden."*

Die Veränderung eines Teils hat Auswirkungen auf das Gesamtsystem

Frau Busch beschreibt einen Effekt, der im Zusammenhang mit der systemischen Veränderungsarbeit häufig zu beobachten ist, denn im Rahmen der systemischen Ansätze wird davon ausgegangen, dass eine Veränderung in Bezug auf einen Teil eines Systems Auswirkungen auf das Ganze hat. Ähnliche Effekte sind auch in realen Situationen zu beobachten: Wenn eine Person in ihrem Verhalten etwas verändert, bewirkt das gleichzeitig eine Veränderung des Verhaltens einer anderen Person. Im Falle von Frau Busch waren die beiden Ressourcen Lockerheit und Humor offensichtlich die richtigen und sie waren ausreichend. Je nach Klient, Thema oder Situation können dies natürlich andere Ressourcen sein, wie beispielsweise Gelassenheit, Konzentration oder die Fähigkeit, Grenzen setzen zu können. Manchmal ist eine Ressource ausreichend und manchmal braucht es drei oder vier verschiedene Ressourcen.

Überprüfung

Zum Abschluss bitte ich Frau Busch, sich einmal in diese Szene hineinzubegeben, um so zu prüfen, ob sie auch wirklich zufrieden ist oder vielleicht noch etwas fehlt.

Coach: *„Bitte begeben Sie sich nun in diese Szene hinein, schauen Sie sich dort um und erleben Sie sie."*

Frau Busch fühlt sich in der Szene sehr wohl und ist rundherum zufrieden.

Wem das innere Bild einer Fee im Coaching als zu fantastisch erscheint, der kann natürlich auf andere imaginierte Wesen zurückgreifen, wie beispielsweise einen inneren Mentor. Damit ist eine Person gemeint, die der Klient auch real und im „richtigen" Leben kennt und die er als ihm wohlgesonnen und unterstützend erlebt. In der inneren Vorstellung kann dieser Mentor zurate gezogen und bei der Suche nach Ressourcen hilfreich sein. Ebenso kann es hilfreich sein, dass der Klient sich innere Cheerleader vorstellt, die ihn ermutigen oder anfeuern.

3.7.3. Eine innere Konferenz mit der Problemlösung beauftragen

Der Ursprung der folgenden Imaginations-Methode liegt in der bekannten NLP-Technik des Six-Step-Reframing, bei der es eigentlich darum geht, für eine störende Verhaltensweise, die immer wieder auftritt, Verhaltensalternativen zu entwickeln, die nachhaltig zu einer Veränderung führen. Dabei stellt die innere Konferenz einen Schritt innerhalb der Gesamt-Technik dar, bei der ein inneres Team Vorschläge zur Problemlösung erarbeitet. Das innere Team wiederum besteht aus unterschiedlichen Persönlichkeitsanteilen. Die innere Konferenz eignet sich in abgewandelter Form meiner Erfahrung nach aber durchaus auch als einzelne Methode in Bezug auf eine bestimmte Fragestellung oder zur Lösung eines bestimmten Problems.

Ausgangspunkt ist ein konkretes Anliegen des Klienten, wie beispielsweise ein Entscheidungsthema. Zu dieser Fragestellung wird eine innere Konferenz einberufen, zu der der Klient alle Personen als Experten einladen kann, die in Bezug auf dieses Thema etwas zu sagen haben und bereit sind, ihre Unterstützung als Dienstleistung anzubieten. Das können Freunde, Kollegen und Mentoren sein oder ein besonders kreativer Mensch. Eingeladen werden können natürlich auch Fantasiewesen, wenn der Klient sich darauf einlassen mag. Der Coach sollte darauf achten, dass diese Personen in der inneren Vorstellung des Klienten wirklich als unterstützend wahrgenommen werden.

Jeder innere Konferenzteilnehmer hat nun die Möglichkeit, zu der entsprechenden Fragestellung seine Ideen, Lösungsvorschläge und sein Feedback einzubringen. Der Klient beobachtet diese Konferenz in seiner inneren Vorstellung und wird somit zum Kunden, der diese Dienstleistung in Auftrag gegeben hat. Dabei begibt er sich automatisch in eine Beobachter-Position und bekommt Abstand zum aktuellen Anliegen. Er hört zu und entscheidet, genau wie beim realen Empfangen von Feedback, allein, was für ihn nützlich und brauchbar ist. Der Coach begleitet und moderiert dabei diesen Imaginations-Prozess.

Vorschlag für die Moderation des Imaginationsprozesses

Coach: *„Bitte stellen Sie sich auf Ihrer inneren Leinwand einen Konferenzraum vor. Sie können den Raum in Ihrer Vorstellung so ausgestalten, dass er ganz Ihrem Geschmack entspricht und einen angemessenen Rahmen für die Bearbeitung Ihres Themas darstellt ... Sie allein entscheiden, welche Konferenzteilnehmer Sie als innere Berater einladen möchten ... Sie können nun sehen, wie die einzelnen Teilnehmer nach und nach den Raum betreten und einen Platz auswählen ... Wenn Sie mögen, können Sie auch jemanden mit der Moderation oder Gesprächsleitung beauftragen ... Dieses Expertenteam wird sich gleich mit Ihrer Frage-*

stellung beschäftigen und wenn Sie mögen, können Sie Ihr Anliegen noch einmal genau als Auftrag formulieren. ... Und Sie können gespannt auf die kreativen und konstruktiven Vorschläge und Ideen sein ... Nehmen Sie sich die Zeit, die Sie brauchen. Wenn die Konferenz sich dem Ende zuneigt, können Sie zum Abschluss alle Teilnehmenden bitten, die wichtigsten Ideen noch einmal kurz zusammenzufassen ... Und wenn Sie voll und ganz zufrieden sind, dann kehren Sie bitte mit Ihrer Aufmerksamkeit wieder hierher zurück."

Im Anschluss an diese Imagination können Coach und Klient noch einmal gemeinsam reflektieren, was für den Klienten die wichtigsten oder nützlichsten Hinweise waren und welche Schlussfolgerungen der Klient daraus zieht.

Coach: *„Welche Ideen oder Vorschläge aus der Konferenz waren besonders nützlich für Sie?"*

„Was sind Ihre wichtigsten Erkenntnisse in Bezug auf Ihr Anliegen?"

„Was werden Sie jetzt tun, was werden Ihre nächsten Schritte sein?"

Die Idee, imaginierte Berater oder hilfreiche Wesen als Ressource zu nutzen, spielt in ganz unterschiedlichen Beratungsansätzen eine wichtige Rolle, wie beispielsweise in der Kommunikationspsychologie (Schulz von Thun 2005), in der Traumatherapie (Reddemann 2005) oder in der imaginativen Familienaufstellung (Besser-Siegmund 2004). Diese Vorgehensweise hat viele Vorteile. Es wird z.B. einfacher, eine Distanz zu problematischen Themen herzustellen, denn es ist niemals der Inhalt bestimmter Bilder selbst, der die angenehme oder auch unangenehme Wirkung erzeugt, sondern vielmehr die Position und die damit verbundene Nähe oder Distanz, aus der heraus Menschen dieses Bild wahrnehmen. Wenn man dies als Coach im Blick behält, dann ergeben sich viele befreiende und unterstützende Möglichkeiten der Intervention, selbst wenn die Inhalte zunächst als sehr negativ erscheinen (Schmidt 2005).

Die Vorstellung eines inneren Helfers wirkt quasi als Hilfsmittel, um rasch einen Zugang zu Ressourcen herzustellen, und somit auch – abstrakt formuliert – als Systemerweiterung. In der praktischen Arbeit liegt der größte Nutzen meiner Erfahrung nach darin, dass es vom Klienten als enorm entlastend erlebt wird, denn kaum kommen innere Helfer ins Spiel, sprudeln die Ideen und Lösungsansätze hervor. Insofern liegt es nahe, diese Vorgehensweise auch im Bereich des Coaching zu nutzen – natürlich immer in einer Form, die zu der Lebenswelt und der mentalen Landkarte des Klienten passt.

3.7.4. Imaginative Einpackstrategien

Menschen im Spitzenleistungsbereich erleben häufig Zeiten, in denen sie mit einer Fülle von Aufgaben und Projekten beschäftigt sind. Dann ist es nicht immer leicht, alles unter einen Hut zu bekommen und die entsprechenden Prioritäten zu setzen. Oftmals ist es sehr schwierig abzuschalten oder den dringend benötigten Schlaf zu finden, was von Klienten häufig als „Gedankenkarussell" bezeichnet wird. Diese Metapher deutet schon an, was die betreffenden Personen innerlich wahrnehmen. Die Gedanken drehen sich im Kreis und es gibt kein Ende, kein Ergebnis oder keinen Ausweg. Diese Gedanken werden häufig in Form von inneren Bildern oder inneren Stimmen wahrgenommen, die mit negativen Gefühlen wie Unruhe oder Belastung verbunden sind. In solchen Situationen gelingt es den betreffenden Personen nicht, einen inneren Abstand zu den Geschehnissen des Tages zu entwickeln. Das Bemühen, diese Gedanken „loszuwerden", hat oft den gegenteiligen Effekt, sie werden noch hartnäckiger und weigern sich zu verschwinden.

Effektiver ist es hingegen, mithilfe der geeigneten Imagination dafür zu sorgen, dass der Klient eine Pause oder eine Auszeit haben kann. Der Unterschied liegt darin, dass die Gedanken gar nicht verschwinden müssen, sondern dass ein geeigneter Platz für sie gesucht wird.

Der Klient imaginiert einen Platz, an dem die unterschiedlichen Projekte oder Aufgaben gut aufgehoben sind. Das kann beispielsweise ein Haus oder auch ein bestimmter Raum sein, im dem die Projekte ihren Platz finden. Der Klient kann die Tür des Raumes abschließen und den Schlüssel gut aufheben, sodass er zu einem späteren Zeitpunkt wieder an die Sachen herankommt. Eine Truhe oder ein Tresor eignen sich ebenso als imaginärer Aufbewahrungsort, an dem die Aufgaben verwahrt werden können.

Beispiel:

Eine Klientin berichtete einmal von einer anderen, besonders kreativen imaginativen Methode, um gut einschlafen zu können. Sie stellte sich vor, sie befände sich auf einem sehr mondänen Kreuzfahrtschiff, in einem Liegestuhl liegend, die Sonne und den Fahrtwind genießend. Das Schiff hatte ein für sie angenehmes mittleres Fahrtempo. Nachdem sie eine Weile gefahren war und die Reise genossen hatte, kam das Schiff an einer sehr schönen Insel vorbei. Dort angekommen, warf sie ihre aktuellen Aufgaben und Projekte einfach in Form von verschnürten Paketen über Bord, in dem Wissen, die Pakete am nächsten Morgen zur weiteren Bearbeitung wieder abholen zu können. Sie wandte diese Methode immer dann an, wenn sie rasch abschalten oder einschlafen wollte.

Durch Regelmäßigkeit entsteht ein Übungs- oder Trainingseffekt und die entsprechenden Bahnungen im Gehirn werden breiter, sodass es zunehmend leichter fällt, rasch abzuschalten. Kommt es bei diesen Vorstellungen zu positiven Erfahrungen, die mit einem guten Gefühl verbunden sind, dann werden andere Handlungsoptionen, die ein unangenehmes Gefühl auslösen, rascher verworfen. Je erfolgreicher diese neue Strategie zur Lösung des betreffenden Problems eingesetzt wird, desto positiver wird sie bewertet. Dabei werden alle aktivierten synaptischen Verschaltungen gebahnt und gefestigt, sodass das betreffende Bild dann beim nächsten Mal leichter abrufbar ist (Hüther 2005, S. 113).

Wenn man im Coaching mit dem Klienten gemeinsam solch einen Imaginationsprozess erstmalig durchläuft, dann ist es wichtig, dass der Klient diese Übung mehrfach allein durchführt, um diese oben beschriebene Bahnung zu stärken und den mentalen Trainingseffekt zu erzielen. Gerade in stressreichen Situationen fällt es leichter, auf eine Mental-Technik zurückzugreifen, die dann schon bekannt ist.

Literatur

Achterberg, Jeanne: Gedanken heilen. Reinbek bei Hamburg 1990.

Andreas, Connirae & Andreas, Steve: Gewusst wie. Arbeit mit Submodalitäten und weitere NLP-Interventionen nach Maß. Paderborn 1993, 3. Auflage.

Baal-Teshuva, Jacob: Rothko. Köln 2003.

Bargh, John (u.a.): The Automaticity of social behaviour: direct effects of trait concept and stereotype activation on action. In: Journal of Personality and Social Psychology 71, 230–244.

Bauer, Joachim: Warum ich fühle, was du fühlst. Intuitive Kommunikation und das Geheimnis der Spiegelneuronen. Hamburg 2005.

Besser-Siegmund, Cora & Siegmund, Harry (Hrsg.): Erfolge bewegen. Coach Limbic. Paderborn 2003.

Besser-Siegmund, Cora: Mentales Selbst-Coaching. Die Kraft der eigenen Gedanken positiv nutzen. Paderborn 2006.

Blech, Jörg: Hirn, kuriere dich selbst. In: Der Spiegel, Nr. 20 vom 15.5.2006.

Dilts, Robert B. , Dilts, Robert W & Epstein, T.: Know how für Träumer. Strategien der Kreativität. Paderborn 1994.

Dilts, Robert: Von der Vision zur Aktion. Visionäre Führungskunst. Paderborn 1998.

Dilts, Robert: Professionelles Coaching mit NLP. Mit dem NLP-Werkzeugkasten geniale Lösungen ansteuern. Paderborn 2005.

Furman, Ben: Es ist nie zu spät, eine glückliche Kindheit zu haben. Dortmund 2001, 3. Auflage.

Giovetti, Paola: Engel, die unsichtbaren Helfer der Menschen. Genf 1991.

Gladwell, Malcolm: Blink! Die Macht des Moments. Frankfurt am Main 2005.

Horsch, Evelyn & Speck, Maria: Kinder brauchen unsichtbare Träume. In: Psychologie Heute, 32. Jahrgang, Heft 4, April 2005.

Hüther, Gerald: Bedienungsanleitung für ein menschliches Gehirn. Göttingen 2001.

Hüther, Gerald: Die Macht der inneren Bilder. Vorlesungsskript im Rahmen des Symposiums „Die Kraft innerer Bilder und Visionen" vom 30.9.–1.10.2005 in Heidelberg, 2005a.

Hüther, Gerald: Die Macht der inneren Bilder. Wie Visionen das Gehirn, den Menschen und die Welt verändern. Göttingen 2005b.

Kast, Verena: Imagination als Raum der Freiheit. Dialog zwischen Ich und Unbewusstem. München 2003, 4. Auflage.

Krutiak, Harald: Der wissenschaftliche Beweis. NLP und die moderne Hirnforschung. In: Manager Seminare, Heft 96, März 2006

Lazarus, Arnold: Innenbilder. Imaginationen in der Therapie und als Selbsthilfe. Sturrgart 2006, 4. Auflage.

McClendon, Terrence: The Wild Days. Über die Anfänge des NLP, 1972–1981. Paderborn 2003.

Ötsch, Walter & Stahl, Thies: Das Wörterbuch des NLP. Paderborn 1997.

Otto, Anne: Musik, die uns berührt. In: Psychologie Heute, Heft 5, Mai 2006.

Pohl, Michael & Wunder, Michael: Coaching und Führung. Orientierungshilfen und Praxisfälle. Heidelberg 2001.

Ramachandran, Vilayanur: Eine kurze Reise durch Geist und Gehirn. Reinbek bei Hamburg 2006, 2. Auflage.

Reddemann, Luise: Imagination als heilsame Kraft. Zur Behandlung von Traumafolgen mit ressourcenorientierten Verfahren. Stuttgart 2005, 11. Auflage.

Renz, Diane: Monster zähmt man besser gleich. In: Frankfurter Allgemeine Sonntagszeitung vom 15. Januar 2006.

Revenstorf, D. (Hrsg.): Expertise zur Beurteilung der wissenschaftlichen Evidenz des Psychotherapieverfahrens Hypnotherapie. Tübingen 2003.

Roth, G.: Fühlen, Denken, Handeln – wie das Gehirn unser Verhalten steuert. Frankfurt 2003.

Schmid, G. B.: Tod durch Vorstellungskraft. Das Geheimnis psychogener Todesfälle. Heidelberg 2000.

Schmidt, Gunther: Einführung in die hypnosystemische Therapie und Beratung. Heidelberg 2005a.

Schmidt, Gunther: Einige Grundüberlegungen zum Verständnis hypnosystemischer Arbeit und der Nutzung von Imaginationen. Vorlesungsskript im Rahmen des Symposiums „Die Kraft innerer Bilder und Visionen" vom 30.9.–1.10.2005 in Heidelberg, 2005b.

Schmidt, Gunther: Zum Verständnis, zur Nutzung und Strukturierung von Metaphern. Vorlesungsskript im Rahmen des Symposiums „Die Kraft innerer Bilder und Visionen" vom 30.9.–1.10.2005 in Heidelberg, 2005 c.

Schmidt-Tanger, Martina & Stahl, Thies: Change Talk. Coachen lernen. Paderborn 2005.

Schmidt-Tanger, Martina: Instantcoaching mittels „Raumreframing".
http://www.nlp-professional.de/artikel/artraumreframin.htm.

Schulz von Thun, Friedemann: Miteinander reden. Das innere Team und situationsgerechte Kommunikation. Reinbek bei Hamburg 2005, 11. Auflage.

Schulz von Thun, Friedemann: Miteinander reden. Das innere Team und situationsgerechte Kommunikation. Band 3. Reinbek bei Hamburg 2005, 14. Auflage.

Senge, Peter: Die fünfte Disziplin. Stuttgart 1996.

Shapiro, Francine & Silk Forrest, Margot: EMDR in Aktion. Paderborn 2001.

Simonton, O., Matthews Simonton, S. & Creighton, J.: Wieder gesund werden. Eine Anleitung zur Aktivierung der Selbstheilungskräfte für Krebspatienten und ihre Angehörigen. Reinbek 2006, 6. Auflage.

Stahl, Thies: Neurolinguistisches Programmieren (NLP). Was es kann, wie es wirkt und wem es hilft. Mannheim 1992 (als e-book erhältlich unter: www.active-books.de).

Vössing, Heidrun: NLP in der Coaching-Praxis. Ein praxisorientiertes Buch für Coaches. Paderborn 2005.

Walker, Wolfgang: Abenteuer Kommunikation. Bateson, Perls, Satir, Erickson und die Anfänge des Neurolinguistischen Programmierens (NLP). Stuttgart 1998.

Abbildungsverzeichnis

Personen- und Sachwortregister

Kontakt zur Autorin

Heidrun Vössing freut sich über Ihre Rückmeldungen zu diesem Buch und über Ihr weiteres Interesse an ihrer Arbeit.

Für alle weiteren Informationen wenden Sie sich bitte an:

ART of NLP
Heidrun Vössing
Schnatsweg 34 a, 33739 Bielefeld,
Tel.: 05206 / 920400, Fax: 05206 / 920485
Internet: www.art-of-nlp.de, E-Mail: info@art-of-nlp.de

Das Angebot von ART of NLP
- Systemische NLP-Coachingausbildung
- NLP-Ausbildungen nach internationalem Standard (DVNLP)
- Ausbildung zum Wavivid-Coach
- Spezialseminare für professionelle Coaches
- Unterstützung bei der Einführung von Coaching in Unternehmen

Ausführliche Informationen zum Thema Wavivid-Coaching finden Sie im Internet unter www.wavivid.com.

Hier finden Sie auch alle Informationen und Termine zu der Ausbildung zum Wavivid-Coach sowie die Adressen ausgebildeter Wavivid-Coaches.

Gehirn, Geist & Erleben

416 Seiten, kartoniert • € (D) 39,90 • ISBN 978-3-87387-581-4

DANIEL J. SIEGEL

»Wie wir werden, die wir sind«

Neurobiologische Grundlagen subjektiven Erlebens & die Entwicklung des Menschen in Beziehungen

Der Autor präsentiert eine bahnbrechende neuartige Sicht auf die Entstehung des menschlichen Geistes – auf den Prozess, durch den wir alle zu fühlenden, denkenden und erinnernden Individuen werden.

»Weshalb können wir uns nicht daran erinnern, was wir im Alter von drei Jahren getan haben? Welche biochemischen Auswirkungen haben Demütigungen, und inwiefern können sie sich auf das Gehirn von Kindern schädigend auswirken? Neue und einleuchtende Antworten auf diese Fragen ergeben sich aus Siegels Synthese neurobiologischer, psychologischer und kognitionswissenschaftlicher Erkenntnisse.«
– Publishers Weekly

Daniel J. Siegel, Medizinstudium an der Harvard University, Postgraduate-Studien an der UCLA in Kinderheilkunde, allgemeiner Psychiatrie und Kinder- und Jugendpsychiatrie. Zurzeit wirkt er als Associate Clinical Professor der Psychiatrie an der UCLA School of Medicine.

Ausführliche Informationen mit Inhaltsverzeichnis und original »Seiten-Blicken« sowie weitere erfolgreiche Titel zum Thema finden Sie auf unserer Homepage.

www.junfermann.de
Ihr direkter Draht zum Verlag

Coaching fürs Leben

Junfermann Verlag

Auf dem Weg zum Ziel

240 Seiten, kartoniert • € (D) 20,50 • ISBN 978-3-87387-631-6

REIHE AKTIVE LEBENSGESTALTUNG › Selbstorganisation

CORA BESSER-SIEGMUND

»Mentales Selbst-Coaching«

Die Kraft der eigenen Gedanken positiv nutzen

Die Autorin präsentiert eine Fülle von praktischen Anleitungen für eine zielorientierte Lebensweise. So erfahren die Leser, wie sie Strategien zur Bewältigung von alltäglichen Problemen entwickeln können und wie sie auf diese Weise gleichzeitig lernen können, störende Verhaltensweisen schrittweise zu verändern. Ebenfalls vermittelt wird, wie sich übermäßige Stressbelastungen mit Hilfe von mentalen Methoden reduzieren lassen und wie durch Trancetechniken die Wahrnehmung vertieft und wichtige Lebensziele verinnerlicht werden können. Dieses Buch stellt die besten Techniken zur bewussten Selbstorganisation, wie z.B. Visualisieren, NLP und Selbsthypnose vor.

Cora Besser-Siegmund ist Psychotherapeutin, Lehrtrainerin und Supervisorin. Seit über 15 Jahren erarbeitet sie in ihrem Institut im Herzen Hamburgs maßgeschneiderte Interventionen für ihre Klienten.

Das komplette
Junfermann-Angebot
rund um die Uhr –
Schauen Sie rein!

Sie möchten mehr zu unseren aktuellen Titeln & Themen erfahren? Unsere Zeitschriften kennenlernen? Veranstaltungs- und Seminartermine nachlesen? In aktuellen Recherchen blättern?

Besuchen Sie uns im Internet!

www.junfermann.de